きちんと理解する

イギリスの歴史

内藤博文

河出書房新社

イギリスの歴史は、世界史の先取りである――まえがき

イギリスの歴史に通じるということは、世界史のキモがわかるということでもある。イギリスの歴史は、おうおうにして世界史を先取りし、さらには多くの国の歴史と交差しているからだ。典型は、イギリスに生まれた立憲民主主義、産業革命であろう。世界はイギリスにならい、文明化し、近代化した。

イギリスが築いた世界帝国の歴史は、まずはイギリスがスペイン、オランダの海上覇権《はけん》に挑戦し、つづいてはフランスを退けていったヨーロッパ史と重なる。イギリスに新興国ドイツが挑戦したのが、第一次世界大戦だ。イギリスにならって、アメリカ、ソ連、中国が帝国主義的な覇権国家を築こうとしたのが、現代世界史である。

イギリスの好むパワーゲームもまた、世界史を変えた。イギリスはパワーゲームの勝者として多くの植民地を築き、世界を巻き込んだ。中国、インドの歴史はイギリスによって大きく書き換えられたし、イギリスの植民地政策の失敗がアメリカ合衆国を生んだ。イギリスのアフガニスタンにおける失敗は、20世紀ソ連、21世紀のアメリカの蹉跌《さてつ》を先取りしてもいる。また、現在の中東問題を生んだのも、イギリスのでたらめな外交だった。

イギリス人は、日本の幕末には薩摩を後押しし、明治維新を支援。1902年の日英同盟は、日本にロシアとの戦争を決意させている。

21世紀になって、イギリスは欧州連合（EU）から脱退を選択、その一方で連合王国の一員であるスコットランドでは独立の動きが盛り上がっている。同じく連合王国の一員である北アイルランドも離脱し、アイルランドとの合邦を目指している。

これもまた、世界に先駆けた動きだろう。20世紀後半、グローバリズムが世界を覆ったが、21世紀になって、ローカル化の動きがあり、「失われた国」を復活させようという流れさえある。イギリスがヨーロッパに属する必要もなければ、スコットランドはかつての独立を取り戻したいと願いはじめているのだ。

イギリスが世界史の先駆者になりえたのは、偶然の積み重ねでもあろうが、ひとつの必然でもあった。イギリス本島は、ヨーロッパの海の交差点でもあれば、世界の海に渡る発進地になりやすかった。多くの者がイギリスに渡来し、イギリス史を変え、イギリス人は世界に渉り、世界史を変えたのだ。本書で、古代のストーンヘンジからブレグジットまで、起伏に満ち満ちたイギリスの歴史を身につけていただければ幸いである。

内藤博文

きちんと理解するイギリスの歴史　目次

序章 イギリス全史の要点を俯瞰する

地域、国際関係、王朝…の視点で読み解く

1章 イギリスを形づくった絶え間ない民族移動

ストーンヘンジからノルマン・コンクェストまで

2章 フランスとの抗争と果てしない内戦

ノルマン朝の成立からバラ戦争まで

3章 絶対王政下で始まった強国化と世界進出

ヘンリ7世からエリザベス1世の活躍まで

4章 立憲君主制の成立と海洋覇権国家への道

清教徒革命からスコットランド合併まで

5章 宿敵フランスを制し植民地争奪戦に勝利

ウォルポール時代から産業革命まで

6章 世界帝国を完成させたパクス・ブリタニカの時代

アメリカの独立からヴィクトリア女王の栄光まで

7章 大戦後の経済低迷で苦悩し続ける現代イギリス

第1次世界大戦からブレグジットまで

カバーデザイン●スタジオ・ファム
カバー画像●Bridgeman Images／アフロ
●Shutterstock
地図版作成●AKIBA
図版作成●アルファヴィル

イギリス王朝の系図

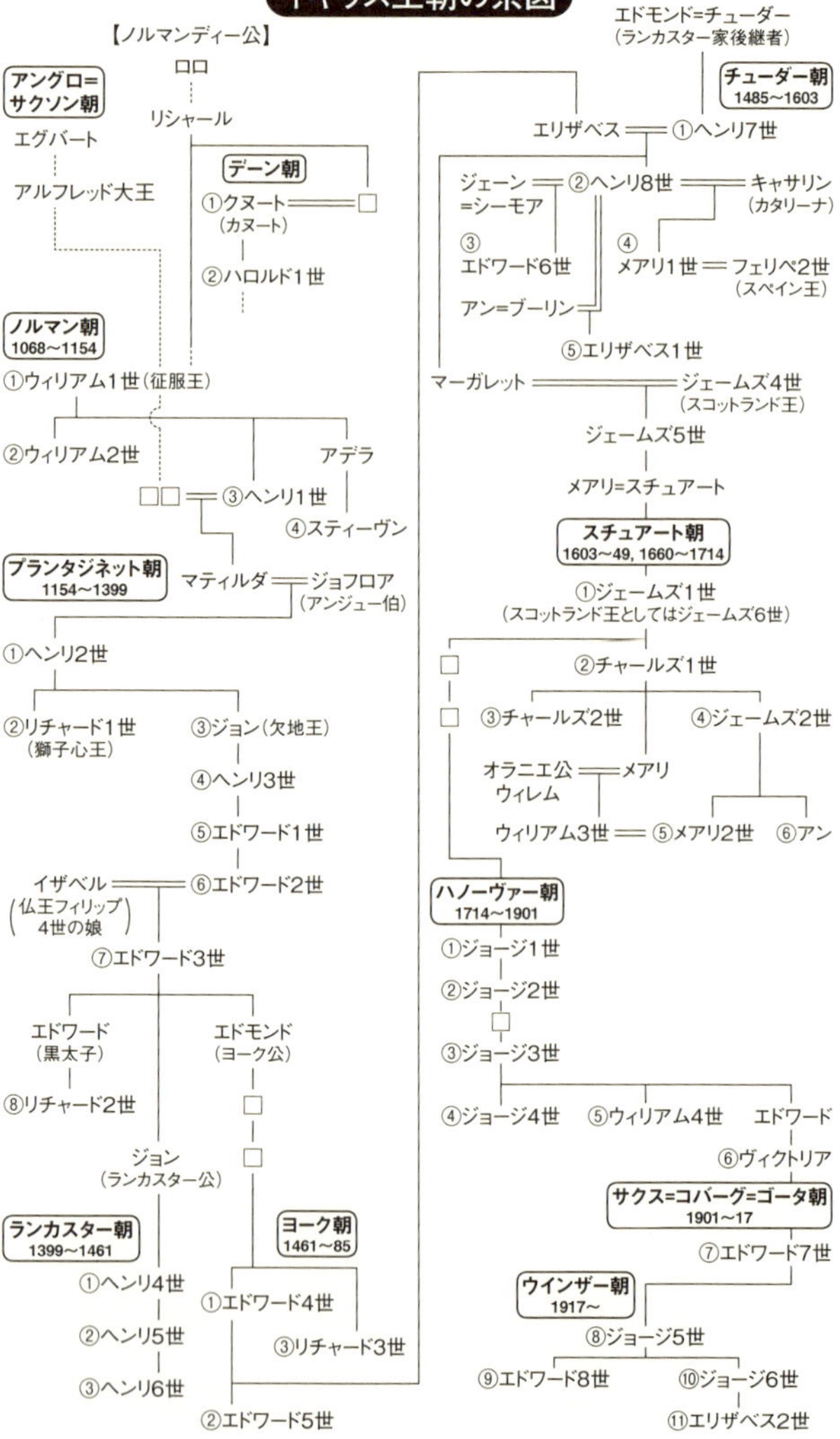

【ノルマンディー公】
ロロ
リシャール
アングロ=サクソン朝
エグバート
アルフレッド大王
デーン朝
①クヌート（カヌート）
②ハロルド1世
ノルマン朝 1068～1154
①ウィリアム1世（征服王）
②ウィリアム2世
アデラ
③ヘンリ1世
④スティーヴン
プランタジネット朝 1154～1399
マティルダ
ジョフロア（アンジュー伯）
①ヘンリ2世
②リチャード1世（獅子心王）
③ジョン（欠地王）
④ヘンリ3世
⑤エドワード1世
イザベル（仏王フィリップ4世の娘）
⑥エドワード2世
⑦エドワード3世
エドワード（黒太子）
⑧リチャード2世
エドモンド（ヨーク公）
ジョン（ランカスター公）
ランカスター朝 1399～1461
①ヘンリ4世
②ヘンリ5世
③ヘンリ6世
ヨーク朝 1461～85
①エドワード4世
②エドワード5世
③リチャード3世
エドモンド=チューダー（ランカスター家後継者）
チューダー朝 1485～1603
エリザベス
①ヘンリ7世
ジェーン=シーモア
②ヘンリ8世
キャサリン（カタリーナ）
③エドワード6世
④メアリ1世
フェリペ2世（スペイン王）
アン=ブーリン
⑤エリザベス1世
マーガレット
ジェームズ4世（スコットランド王）
ジェームズ5世
メアリ=スチュアート
スチュアート朝 1603～49, 1660～1714
①ジェームズ1世（スコットランド王としてはジェームズ6世）
②チャールズ1世
③チャールズ2世
④ジェームズ2世
オラニエ公ウィレム
メアリ
ウィリアム3世
⑤メアリ2世
⑥アン
ハノーヴァー朝 1714～1901
①ジョージ1世
②ジョージ2世
③ジョージ3世
④ジョージ4世
⑤ウィリアム4世
エドワード
⑥ヴィクトリア
サクス=コバーグ=ゴータ朝 1901～17
⑦エドワード7世
ウインザー朝 1917～
⑧ジョージ5世
⑨エドワード8世
⑩ジョージ6世
⑪エリザベス2世

序章　イギリス全史の要点を俯瞰する

地域、国際関係、王朝…の視点で読み解く

連合王国

中世は、なぜ「三国時代」といえるのか？

現在、イギリスは4つの地域から成り立つ。イギリス本島（グレート・ブリテン）には、イングランド、スコットランド、ウェールズがある。隣の島・アイルランド島の北方地域である北アイルランドもまた、イギリスを形成する。だから、イギリスの正式名は、「グレート・ブリテン及び北アイルランド連合王国」である。国名の英語の略称「UK」は、「連合王国（ユナイテッド・キングダム）」の略である。

イギリスの4つの地域は、それぞれが「国（ネーション）」であり、もともとひとつの国としてまとまっていたわけではない。とくに、イギリス本島、つまりブリテン島のイングランド、スコットランド、ウェールズは、それぞれ独立した国であった。イングランドは本島の中南部に根を張り、本島の北部にはスコットランドがあった。本島の西端にウェールズがあり三国の勢力争いは長くつづいた。

とくにイングランドとスコットランドの抗争は、激しかった。いったんはイングランドがスコットランドを制圧した時代もあったが、スコットランドが反撃、イングランドを叩き出したという展開もあった。また、17世紀のイングランドで起きたピューリタン（清教徒）革命にあっては、革命側はスコットランド軍の支援を得て、国王と戦ったこともあった。その意味で、イギリスの歴史の半ばまではウェールズを絡めての「三国時代」であったといっていい。スコットランドでいまだ独立の話がもちあがるのも、この「三国時代」の記憶があるからだ。

「三国時代」が長かったため、3つの国は言語も異なっている。3つの国では、現在、英語が公用語になっているが、スコットランドでは、ゲール語もまた公用語であり、ほかにスコッツ語も使われている。ウェールズでは、ウェールズ語も公用語となっている。

イギリスの基礎知識

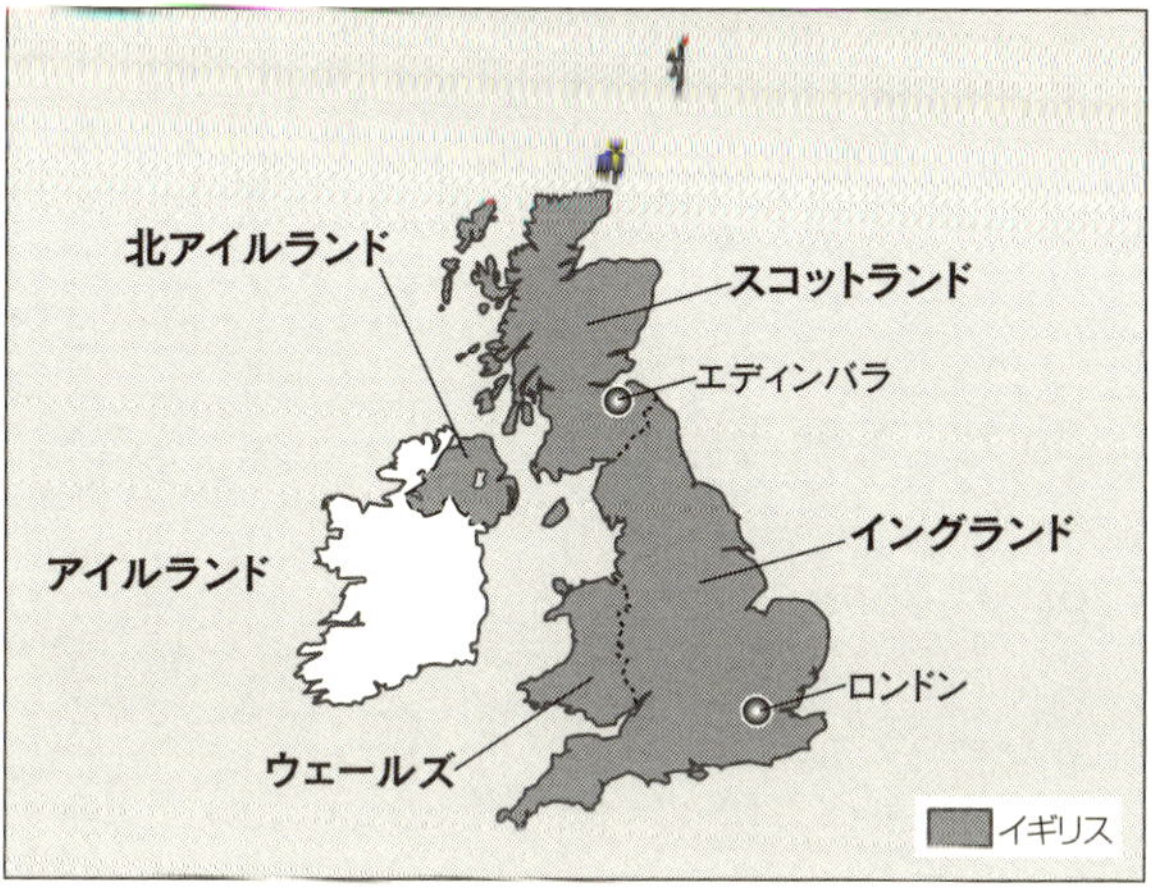

グレートブリテン及び北アイルランド連合王国(通称:イギリス)

(イングランド、スコットランド、ウェールズ、北アイルランドから構成される)

- 面積――24.3万平方キロメートル(日本の約3分の2)
- 人口――6,565万人(2016年)
- 首都――ロンドン(人口約879万人/2016年)
- 言語――英語(ウェールズ語、ゲール語などの使用地域あり)
- 宗教――英国国教など
- 政体――立憲君主制
- 元首――エリザベス2世女王陛下(1952年2月6日即位)
- 首相――テリーザ・メイ(保守党)
- 外相――ジェレミー・ハント(保守党)
- 通貨――スターリング・ポンド(1ポンド=約146円/2019.4.3付)
- 議会――上院および下院の二院制

※外務省HPなどを参考に作成

「三国」を国力で比較すると、イングランド、スコットランド、ウェールズの順になる。豊かな土地面積の差もあれば、まとまりの差でもある。たしかにイングランドでも内乱は多かったが、外敵に対しては団結できた。スコットランドには王朝はあるが、イングランド以上に内輪もめが多かった。ウェールズとなると、部族社会的で、最後まで統一王朝は生まれなかった。

「三国時代」の争いは、イングランドのウェールズ吸収によって「二国時代」となる。やがてイングランドとスコットランドは同じ王を迎える「同君連合」となり、最後にはイングランド主導のなか、イギリス本島は統一される。

また、イングランドは長くアイルランドの支配者も同然であったが、20世紀になって、アイルランドは独立を勝ち取る。その際、アイルランドの北部6州はイギリス側に残ることを選んだ。これが、北アイルランドだ。

その北アイルランド、じつはスコットランドの形成に深く関わっている。アイルランド北部にあったスコット人がイギリス本島北部に移住、先住のピクト人と共生をはじめたところから、スコットランド王国が成立するようになったのだ。

というわけで、「イギリス史＝イングランド史」ではない。たしかに、イングランドはイギリス史の中核をなしている。大英帝国を築いた原動力はイングランドにあるのだが、イギリス全体の歴史はイングランドのみで動いていたわけではない。そこに、スコットランドの歴史、ウェールズの歴史が深く関わり、さらにアイルランドの歴史も関係する。歴史が勝者の歴史であるからには、どうしてもイングランドの歴史がイギリス史の中心にある。ただ、イングランド史のみではイギリス史がわかろうはずもない。この本では、スコットランド史、ウェールズ史も、ちょこちょこと、しかもわかりやすくふれていきたい。じつのところ、現在のイギリス王室には、イングランド、スコットランドの王家の血、さらにはウェールズの名族の血が流れている。長い歴史によって、三国が一体となったあかしでもあろう。

オールド・イングランド

「ノルマン王朝」が、イギリス繁栄の一大転機となった理由

イギリス史、とくにイングランド史は、大きくふたつに分けられている。1066年、フランスのノルマンディー地方にあったノルマン人（ヴァイキング）の末裔《まつえい》・ギヨーム2世が軍勢を率いて、イングランドに上陸、ノルマン王朝を築く。彼は英名ウィリアム1世として即位、これからのち、現在のエリザベス2世に至るまで、歴代イングランド国王は、

彼の子孫である。ノルマン王朝開始以後のイングランド史は、「ノルマン・イングランド」とも「アングロ＝ノルマン・イングランド」ともいう。

では、ウィリアム1世の征服以前のイングランドはというと、「オールド・イングランド」とも「アングロ＝サクソン・イングランド」ともいう。それは、アングロ＝サクソン人がイングランドで優勢にあったからだが、じつのところ、ウィリアム1世の征服以前、オールド・イングランドの歴史は、ヨーロッパ本土からの侵攻の連続の歴史であった。

古代、イギリス本島に居住していたのは、ビーカー人といわれる。その後、ケルト人がヨーロッパ大陸から移り、居住をはじめ、ローマ帝国の時代、島の3分の2はローマの傘《さん》下《か》となる。ローマ帝国の力が及ばなかった島の北部は、スコットランドを形成する。

ローマ帝国の崩壊期になると、ユトランド半島からアングロ＝サクソン族がイングランドに移住するようになる。追われた先住のケルト人たちは、イギリス本島の西端・ウェールズに移住。ここに、ウェールズが誕生したといっていい。

一方、アングロ＝サクソン人はイングランドの主人公となり、いくつかの王国に分かれ、抗争をつづける。ようやくアルフレッド大王の時代になって、イングランドの統一が進むかに見えたが、そんななか、今度はヴァイキング（デーン人）が襲来する。デーン人の襲撃に、アングロ＝サクソンは押されっぱなしで、ついにはデーン人・クヌートの北海帝国の支配下に置かれた。これが、デーン朝だ。

そのデーン朝も長続きせず、混乱のイングランドを狙ったのが、フランスのノルマンディーにあったウィリアム1世であった。ウィリアム1世のイングランド征服は、「ノルマン・コンクエスト」といわれ、イングランド史において画期的だった。以後の王家はウィリアム1世の子孫になるからだが、もうひとつ、この征服を最後に、イングランドはどの国の征服もゆるさなかったからだ。ナポレオンやヒトラーの野望も撃退してみせている。

なぜ、それができたかといえば、ノルマン朝以後、イングランドの国力が大きく伸びはじめたからだ。ノルマン朝は初めてイングランドを本格的に統一し、先進的な統治システムを持ち込んだ。そのため、ばらばらだったイングランドの国力はひとつに結集され、強力な外敵にも対抗、本島侵攻をゆるすことはなかった。

フランス

なぜ、「戦争と結婚」を繰り返す関係だったのか？

イギリスの歴史を語るとき、どうしても語らざるをえないのが、フランス史である。中世まで、イングランドとフランスは腐れ縁のような関係であり、婚姻で結びつきもすれば、フランスにおける領地を巡って戦争を繰り返しもした。

イングランドがフランスと兄弟に似た関係となってしまったのは、先の「ノルマン・コンクェスト」にある。フランス人であったウィリアム1世がイングランドを征服、ノルマン王朝を打ち立てる。以後、フランスに領地をもつウィリアム1世とその子孫がイングランドを統治したため、イングランドとフランスは絡み合った関係になったのだ。

これをときほぐしていくと、ウィリアム1世と彼の子孫は、イングランドでは国王としてトップであっても、フランスではフランス国王の家臣であった。そのため、イングランド国王は、たびたびフランス国王から臣従《しんじゅう》の礼を要求されるようになった。

その一方、イングランド国王が、フランスのノルマンディをはじめ各地に領地をもつということにもなった。当時、フランス国王の領域はわりに小さい。イングランド国王のほうが、フランス国王よりもフランスの土地を多く領有している事態にまでなり、イングランドはフランスに食い込む結果となった。

やがて、イングランド国王は、自らの祖先がフランス人であったことを忘れ、フランス語も忘れ、自らをイングランド人と見なすようになる。そうなっても、イングランド国王らは、フランスの土地に未練をもちつづけた。さらには、血縁によりフランス国王の地位を主張できるイングランド国王までが出てきたから、イングランドとフランスの鍔迫《つばぜ》り合いは日常となる。その最たるものが、英仏百年戦争だ。

またフランスは、イングランドの反国王派によっては一大策源地《さくげんち》であった。彼らは、フランスに逃亡、フランス国王の助力を得て、現イングランド国王と戦い、新たなイングランド国王になろうとした。

その典型が、チューダー朝の開祖であるヘンリ・チューダーである。彼はフランス国王の後押しを得て、イングランド内戦の勝者となり、ヘンリ7世として即位した。有名なエリザベス女王は、彼の孫となる。イングランドには、彼以外にもフランスの後押しによって地位を築いた王があり、イングランドとフランスの関係は密接であった。

イングランドの国王や彼のライバルたちは、フランスを巧みに利用しようとしてきた。一方、フランス国王もただのお人好しではなく、イングランドに親フランス政権を樹立させようと目論《もくろ》んで、狐《きつね》と狸《たぬき》の化かし合いとなった。

16世紀になると、イングランドは大航海時代に合わせて、海洋進出、世界進出を図る。このとき、最後のライバルとなったのが、フランスであった。イギリスとフランスは、インド、アメリカ大陸で利権を巡って対立、戦った。この戦いに勝利したイギリスは、世界各地に植民地を獲得、世界帝国建設に驀進《ばくしん》したのだ。

歴代王朝

9王朝から、どんな「国家の盛衰」が読み解けるか？

日本史は、首都の移転や幕府の草創《そうそう》や滅亡によって時代区分されるが、イギリス史、とくにイングランド史はそうはならない。とくに王朝の交代は、政治的な理由からではなく、たんに直系の跡継ぎがいなかったから、ということもあるからだ。

それでも、イギリス史は王朝ごとに切り取っていくこともできる。ノルマン朝以来、おおまかに9の王朝が誕生、交替を繰り返してきた。順番に、ノルマン朝、プランタジネット朝、ランカスター朝、ヨーク朝、チューダー朝、スチュアート朝、ハノーヴァー朝、サクス=コバーグ=ゴータ朝、ウインザー朝である。

ノルマン朝の時代は、イングランドの統治基盤が固まる時代でもある。土地台帳である「ドゥームズディ・ブック」が作成され、税収を安定させることができた。ノルマン朝のイングランドが強大化するほどに、ウェールズは追い詰められていく。

ノルマン朝につづくプランタジネット朝の時代、イングランド国王はフランスに大きな領地をもっていた。そこから、イングランドとフランスの領地連合は、「アンジュー帝国」

ともいわれた。プランタジネット朝の時代に、イングランドはウェールズをほぼ吸収、アイルランドも征服、イングランドは巨大化していった。

つづくランカスター朝の時代、フランスとの百年戦争がはじまる。百年戦争で疲弊《ひへい》するなか、ヨーク朝が台頭、ランカスター側とヨーク側とで争うバラ戦争の時代となる。

バラ戦争を終わらせたヘンリ7世は、チューダー朝を開く。チューダー朝の時代、イングランド王は大きな権力を握る。バラ戦争によって、貴族が没落していたためだ。イングランドは世界に進出をはじめ、イギリス国教会を成立させ、独自の道を歩みはじめる。エリザベス1世やシェイクスピア、トマス・モアも、この時代の人だ。

エリザベス1世の死によってチューダー朝が途絶えてのち、スチュアート朝が誕生する。スコットランド国王・ジェームズ6世がイングランド国王・ジェームズ1世として迎え入れられ、イングランドとスコットランドは同君連合の時代になった。

スチュアート朝の時代は、革命の世紀であった。まずはピューリタン（清教徒）革命によって、チャールズ1世が処刑される。つづく、名誉革命によって、ジェームズ2世が王位を追われ、オランダからやってきたウィリアム3世が即位する。この時代に、イギリスには政党の雛型《ひながた》が生まれ、議会政治を築いていく。

つづくハノーヴァー朝の時代、立憲君主制度が確立され、産業革命が始動する。イングランドとスコットランドは併合し、大英帝国は世界に植民地を築いていく。フランスのナポレオンに屈せず、最後には打ち倒したのも、この時代だ。ヴィクトリア女王の時代、イギリスはインドまでも統治し、イギリスは「太陽の沈まぬ国」として全盛期にあった。この時代は、「パクス・ブリタニカ（英国による平和）」とも呼ばれる。

20世紀、ヴィクトリア女王の死去によって、ハノーヴァー朝の時代は終わり、サクス＝コバーグ＝ゴータ朝が誕生する。サクス＝コバーグ＝ゴータ朝は、第一次世界大戦のさなか、ウインザー朝と改称し、いまに至る。そこには、イギリスへの挑戦者となったドイツの影がある。もともと、サクス＝コバーグ＝ゴータ朝にはドイツ人の血が流れている。第一次世界大戦で、ドイツとの戦いが惨《むご》たらしい消耗戦と化していくと、ドイツ系の名を冠した王朝名ではイギリスをまとめられない。そこから、ウインザー朝と改められたのだ。

ウインザー朝の時代、昭和天皇は皇太子時代にイギリスを訪れ、ここでさまざまな体験をしている。これが、昭和天皇の目指すところの立憲君主制の根幹にあり、昭和天皇は国民とともに未曽有《みぞう》の敗戦を克服できた。

だが、ウインザー朝の時代、イギリスはふたつの世界大戦を経験し、「世界帝国」の地位を失う。戦後、イギリスは高福祉国家を目指すのだが、それは経済の深刻な停滞を招き、「ヨーロッパの病人」とさえいわれた時代もある。そんななか、サッチャー首相が登場、彼女による改革以来、イギリスは活力を取り戻し、新たな道を模索している。

また、スコットランドは、長くイングランドとはまったく異なる王家の歴史をもつ。アルピン王家にはじまり、マリ王家、アサル王家、ベイリャル王家とつづき、ここでいったんスコットランドの王家は途絶える。その後、イングランドに勝利することで、ブルース王家が登場、つづいてはスチュアート王家となる。スチュアート王家のジェームズ6世は、イングランド国王・ジェームズ1世ともなり、ここから先、イングランドとスコットランドは同じ王を戴《いただ》く同君連合の時代となっている。

歴代国王

なぜ、国外からも招かれているのか？

イングランドの歴代国王を見ると、純粋なイングランド人でないことが多々ある。ノルマン朝の初代王・ウィリアム1世からしてフランス語を話すフランス人であり、歴代王朝は、イングランド人以外の王も受け入れてきた。

スチュアート朝の始祖・ジェームズ1世は、スコットランドの王だった。名誉革命後に即位したウィリアム3世は、もともとはオランダ総督・ウィレム3世であり、オランダ人である。

18世紀以降になると、イギリスの国王にはドイツ色が強まる。ハノーヴァー朝の始祖・ジョージ1世となったのは、ドイツのハノーヴァー選帝侯《せんていこう》ゲオルク・ルートヴィヒであった。彼は、英語の話せないイギリス王だった。現在につづくサクス=コバーグ=ゴータ朝の始祖エドワード7世は、母はヴィクトリア女王ながら、父はドイツのゼクセン=コーブルク=ゴータ家の公子であった。

イギリス、イングランド国王にたびたび外国人が即位するのは、イングランドがヨーロッパじゅうで婚姻政策を進めてきた結果である。イングランドにかぎらず、ヨーロッパ各国の王家は他国の王家と婚姻することで、つながりをもち、友好関係を築いてきた。イングランドもまた、ヨーロッパでの孤立は避けたい。そこから婚姻政策を進め、ヨーロッパ各地にノルマン朝の始祖ウィリアム1世の末裔《まつえい》が散らばっていったのだ。

こうした通婚政策が実り、イングランド王家で血筋が途絶えても、ヨーロッパじゅうからウィリアム1世の末裔を探し出すことができた。それが、イングランド、イギリスの王朝の安定につながったのだ。いまや、イギリス王家の系譜は、日本の皇室は別格として、デンマーク王家に次ぐほどの長い歴史をもっているのだ。

アイルランド
なぜ、イギリスの「負の歴史」になっているのか?

イギリスは、いまでこそ、紳士の国といわれ、約束を守る国としても知られる。だが、それはひとつの側面であり、イギリスには実利を重んじ、かつ貪婪《どんらん》な側面もある。多くの帝国がそうであったように、イギリスも過酷な収奪にはしり、恨みを買った歴史をもつ。

イギリスにもっとも恨みを抱く国を挙げるなら、アイルランドとなろう。

アイルランドはイギリス本島に隣接した島であり、イギリス本島からアイルランドには渡りやすい。しかも、アイルランドはイギリス本島より小さな島だから、イングランドに比べ、国力に劣る。そのため、中世からたびたびイングランドの侵攻を受け、半ば植民地のような扱いを受けてきた。

とりわけ、清教徒革命ののち、革命側のリーダーであるクロムウェルの企図《きと》した侵攻と収奪は過酷なものであった。クロムウェルは、革命政府の財源をアイルランドに求めていたから、その収奪は容赦なかった。これにより、アイルランド人の耕作地の少なからずが、イングランド人の手に渡ったのだ。

アイルランドにとって悪夢となったのが、1840年代のジャガイモ飢饉《ききん》である。当時、アイルランドはジャガイモの栽培によって食いつないでいたが、そのジャガイモが立枯病にやられてしまった。アイルランドではジャガイモが収穫できず、わずかに収穫されたジャガイモもイギリス本国に持ち去られた。結果、多くのアイルランド人が餓死し、100万人以上が島を捨て、移住せざるをえなかった。

アイルランドではイギリス政府への反発が強まり、イギリスもアイルランドの独立を認めざるをえなくなる。こうして北アイルランドはイギリスに残ったものの、それ以外のアイルランド諸州はアイルランドとして独立を果たしている。

1章

ストーンヘンジからノルマン・コンクエストまで

イギリスを形づくった絶え間ない民族移動

本章で扱う時代のおもな出来事

	前7世紀ごろ	ケルト人の渡来がはじまる
	前55	ローマのカエサルによるブルタニア遠征
	122	ハドリアヌスの城壁建造開始
	410	ローマ帝国がブルタニアから撤退
	5世紀ごろ	アングロ=サクソン人の侵入はじまる
アングロ=サクソン七王国	8世紀末	七王国(ヘプターキー)国建設
	865	デーン人の一大侵入がはじまる
	871	ウェセックス王アルフレッド即位
デーン朝	1016	デーン人のクヌートによる征服
アングロ=サクソン王国		
ノルマン朝	1066	ヘースティングスの戦い(=ノルマン・コンクエスト)

ストーンヘンジ

ケルト人の遺産ではなかった？

イギリス本島（ブリテン島）に、古代、どんな人たちが居住していたかは、詳《つまび》らかではない。紀元前には、ケルト人がヨーロッパ大陸から渡り、イギリス本島各地に居住していったことはわかっている。イギリスの基層には、ケルトの文化があるのだ。

ただ、ケルト人は最初のイギリスへの渡来者ではないようだ。彼らがイギリスに渡るのは紀元前7世紀ごろからのこととされ、それ以前にはビーカー（ビーカ）人が居住していたとされる。彼らは紀元前2000年ごろにはイギリスにたどり着いたという。

その古代イギリスを代表する歴史遺産といえば、ストーンヘンジをはじめとする巨石建造物である。なかでも、イギリス本島東南部のソールズベリー平原のストーンヘンジは名高い。こうした環状列石《かんじょうれっせき》（ストーン・サークル）をつくったのも、ビーカー人とされる。

ストーンヘンジについては、ひところ「ドルイド僧の祭祀場《さいし》」ではないかという説があった。ドルイド僧とはケルト人の祭司であり、占い、預言を得意とした。だが、ストーンヘンジの成立は紀元前18世紀ごろのことと推定され、このころ、ケルト人はまだイギリスに到達していない。そのため、「ドルイド僧の祭祀場説」は否定されている。

ストーンヘンジ

ストーンヘンジを建てたのは、ビーカー人であろうとされる。彼らは、すでに紀元前2000年には到達している。以後、この島で独自の文化を形成していったのだ。

じつは、ビーカー人以前にも、イギリスには先住民がいたらしい。だが、ビーカー人は戦士として先住民より強力であり、先住民を支配していったと思われる。ちなみにビーカー人の由来は、彼らの埋葬副葬《まいそうふくそう》品にビーカーのような口広の土器があったことによる。

ケルト

なぜ、イギリスはブリタニアと呼ばれるようになったのか？

ビーカー人につづいて、ヨーロッパ大陸からイギリスへと渡ったのは、ケルト人である。ケルト人たちはもともと中央ヨーロッパから東欧にあり、彼らが西へと進んでいったとき、その一派はイギリスへと渡り、居住していった。ビーカー人たちは、ケルトの民に追いやられるか、同化するしかなかったと思われる。

ケルト人がビーカー人たちよりも強力だったのは、鉄器文化をすでにもっていたからである。鉄製の兵器で戦うケルトの戦士たちは、鉄をもたないビーカー人を圧倒しただろう。さらに、鉄製の農耕器具によって耕作したから、ビーカー人たちよりも、大きな収穫を得ることができた。

彼らの土地開墾《かいこん》によって、イギリス東南部は豊かな穀倉《こくそう》地帯となり、ヨーロッパ大陸の勢力に狙われる素地ができたともいえる。

イギリスには、長期間にわたってケルト人の移住がつづき、その最後の一波となったのが、紀元前2世紀に到達したベルガエ人たちである。彼らの名は、「ベルギー」の国名の由来となっている。ベルガエ人は、ローマのカエサルによるガリア（フランス）征服の余波で、イギリス本島へと逃げていったのである。

古代ローマでは、そのベルガエ人のことを「ブリトネス」と呼んだ。そこから、ベルガエ人の渡ったイギリスは、「ブリタニア」と呼ばれるようになったのだ。後世、イギリスにあったケルト人は、「ブリトン人」とも呼ばれるようになる。

ケルト人は、イギリスの基層である。のちに、ウェールズに居住するようになったケルト人はウェールズ人、スコットランドに居住したケルト人はピクト人と呼ばれるようになった。ベルガエ人が渡来した時代、そのブリテン島のケルト社会にも、ローマの影が忍び寄りはじめていた。

ローマによる支配
ローマ帝国はいかにイギリスに侵攻、支配したか?

古代に世界帝国を築いたローマとイギリスとの関わりは、ローマの英雄・カエサルにはじまる。ガリアを征服したカエサルは、ブリタニアがガリア人たちの反ローマの策源地になることを恐れた。紀元前55年、彼自らが軍を率いて遠征する。彼の軍団は、ケルトの戦車部隊に苦しみながらも、東南部の諸部族を屈伏させた。

ただ、カエサルはイギリスに長居はできず、ローマに帰還したため、ローマによる統治はいったんは解消されたかに思えた。

それからおよそ1世紀のち、ローマ帝国第1代皇帝クラウディウスが自ら軍を率いてイギリスに上陸する。ローマの侵攻にケルトの諸部族は敗れ、ローマ帝国はイギリス本島の多くを支配することになった。

ローマ帝国は、ロンディニウム（ロンドン）を中心に統治し、ロンドンから4本の幹線道路を建設、ローマ式の都市が各地に生まれた。ローマ帝国は、古代にあって普遍的な文化を有し、統治システムを練り上げていた。イギリスはローマの属州となり、ローマの文化に浴することで、当時としてはまずまずの文化地帯になっていったといえる。

ローマ帝国の支配に対して、ブリトン人側の反乱もあった。なかでも、東南部のボアケディア（ボウディッカ）王妃の反乱は広く知られる。彼女はローマからの度重なる屈辱に対して蜂起《ほうき》し、ロンディニウムでは多くのローマ人を殺害したが、最後は強力なローマ軍の前に屈し、自殺している。

こうした反乱があったものの、ブリタニアはおよそ2世紀以上にわたって「ローマによる平和（パクス・ロマーナ）」を享受《きょうじゅ》し、繁栄を遂げていたこともたしかだ。この時代は、「ローマン・ブリテン」とも呼ばれている。

ハドリアヌスの城壁

イングランドとスコットランドを分かつ境界

ブリタニアを統治したローマ帝国だが、島全体を征服できたわけではなかった。島の北部、ローマが「カレドニア」と呼んだ土地には、ピクト人があり、彼らはローマ帝国に対して根強く抵抗した。ピクト人はケルト系といわれ、刺青《しせい》の風習に彼らの特徴があった。彼らは強力な戦士であったうえ、居住地としていた島の北方は山がちで、ローマ帝国軍の完全制圧をむずかしくしていた。

ピクト人はローマを恐れるどころか、南下することもあったため、ローマの五賢帝のひとりであるハドリアヌスは、ピクト人に対する備えを築かせた。これが「ハドリアヌスの城壁」であり、東西に全長116キロに及ぶ壁が建設された。

ローマ人の帝国防衛の鍵は、長大な城壁である。中国の秦《しん》・漢帝国が匈奴《きょうど》に対して長城を築いて対抗したように、ローマ人も帝国防衛のため、ライン川、ドナウ川に沿って城壁を築いてきた。そのブリテン島版が、ハドリアヌスの城壁だった。

ハドリアヌスの城壁

さらに、ハドリアヌス帝の後継者となったアントニヌス・ピウス帝はハドリアヌスの城壁のみでは満足せず、その北方に新たに50キロに及ぶ城壁を建設する。こうした消極策では解決不能と考えたのは、セプティミウス・セヴェルス帝である。

彼は208年にカレドニアに本格侵攻を試みたが、失敗。彼は現在のヨークで211年に病没している。

結局、ローマ帝国はアントニヌス・ピウスによる城壁を放棄、ハドリアヌスの城壁を最終防衛ラインとした。ローマがピクト人のいるカレドニア支配を諦《あきら》めたことで、イギリス本島のなかでも、カレドニアは別の歴史をもつようになる。これがスコットランドのはじまりのようなもので、ハドリアヌスの城壁こそ、のちのイングランドとスコットランドを分かつひとつのラインになったのだ。

「ローマン・ブリテン」の時代が終わりを告げるのは、ローマ帝国の衰退によってである。ローマ帝国には、ブリテン島にローマ軍団をとどめておく余裕がなくなる。ローマ軍団が去りはじめると、ピクト人はハドリアヌスの城壁を越えて、南下、襲撃をはじめる。ローマ帝国が東西に分裂したのち、西ローマ帝国は、ブリテン島の諸都市に向けて「自衛すべし」と通告、ローマ軍団によるブリタニア防衛を放棄する。

以後、「ローマによる平和」を失ったブリテン島では、外来勢力による勢力再編が繰り返されることになる。

アングロ=サクソンの侵入

なぜ、ブリトン人は「危険な外敵」を招き寄せたのか?

ローマが去ったあとのブリテン島に襲来したのは、ゲルマン民族の一派、アングル人、サクソン人、ジュート人らである。彼らをまとめてアングロ=サクソン人の襲来としている。彼らは、ユトランド半島やエルベ川下流域から、ブリテン島に押し寄せた。

アングロ=サクソン人の襲来は、ヨーロッパにおけるゲルマン民族の大移動のブリテン島版である。4世紀からはじまったゲルマン民族の大移動は西ローマ帝国を滅ぼし、ヨーロッパ各地に新たな勢力を生んだが、ブリテン島でも同じことが起きていた。

ただ、アングロ=サクソンのブリテン島上陸は、島のブリトン人らが招き寄せたものでもあった。というのも、北方、カレドニア(スコットランド)にあるピクト人が南下、襲撃を繰り返すようになったからだ。さらには、北方からスコット人も襲ってきた。彼らはもともとアイルランドの住人だったが、ブリテン島北方に渡っていた。

ブリトン人はピクト人の攻勢に耐えかね、大陸のアングロ=サクソンに助っ人を依頼する。ブリトン人は、すでにアングロ=サクソン人がどんなものかを知っていた。アングロ=サクソン人はローマ帝国の傭兵《ようへい》ともなっていて、ガードマンのごとく見られていた。その

アングロ=サクソン人の侵入経路

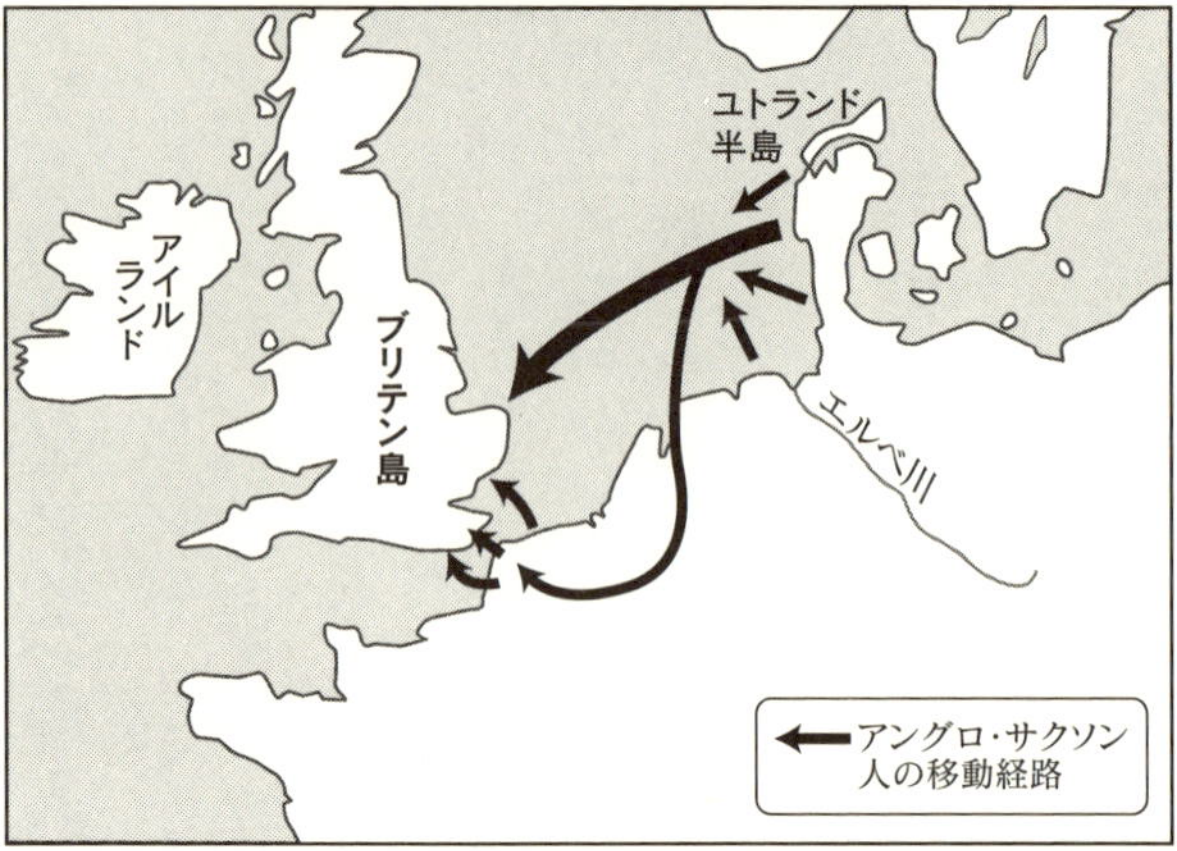

一方で、すでに2世紀ごろからアングロ=サクソン人はブリテン島に小規模な襲撃を仕掛けるようになっていた。にもかかわらず、ブリトン人はアングロ=サクソン人を、対ピクト人相手の傭兵としてコントロールできると思っていたらしい。

実際、アングロ=サクソン人はそんなお人好しではなかった。彼はブリテン島を荒らし、掠奪《りやくだつ》し、ついには定着するようになったのだ。すでにブリテン島は、ローマの支配によって豊かになっていたから、アングロ=サクソン人はこれを奪うことに夢中になったのだ。アングロ=サクソン人は、島のもっとも豊かな中央から南部を支配し、ブリトン人を島の隅に追いやった。

ブリテン島南部の主人公にのしあがったアングロ=サクソン人だが、彼らは結束してブリトン人

アングロ=サクソン七王国

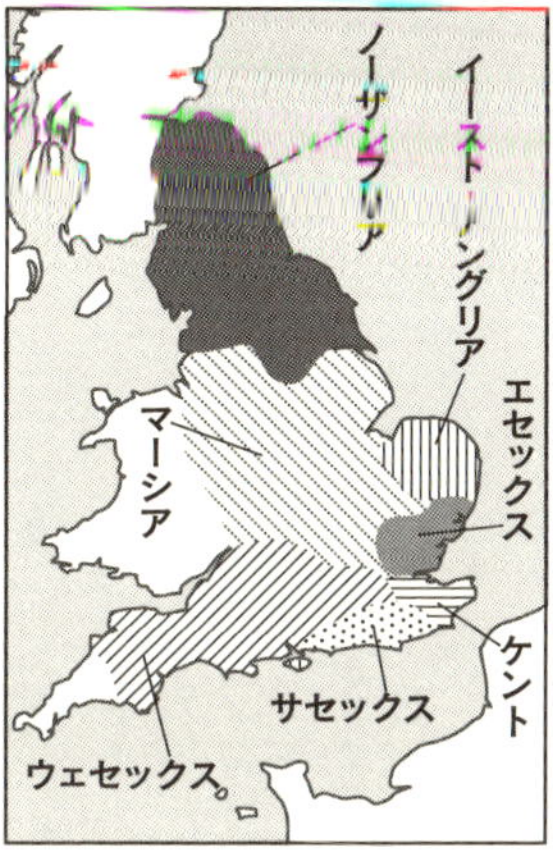

に当たったわけではなかった。ブリテン島の中央から東部、南部にかけては、広い平野が広がっている。そこにアングロ=サクソン人の諸部族が定着していったとはいえ、統一政権が生まれるには広すぎた。アングロ=サクソンの諸部族は互いに争い、まずは20くらいの「国」ができた。それが、しだいに統合され、7つの王国が生まれた。ノーザンブリア、イースト・アングリア、エセックス、ケント、マーシア、サセックス、ウェセックスであり、「七王国（ヘプターキー）」と呼ばれるようになった。

こうして島の中央、東部、南部は、アングロ=サクソン人の支配するところとなる。この地は、「アングル人の土地」という意味の「イングランド」の名で呼ばれるようになったのだ。

ウェールズの成り立ち

アングロ=サクソン人に「よそ者」扱いされたブリトン人

アングロ=サクソン人の侵入は、ブリテン島中央の主人公だったブリトン人の地位を急落させた。彼らは、アングロ＝サクソン人に追われ、島の西端に追い詰められていく。島の西にはカンブリア山脈が走り、アングロ＝サクソン人も侵攻しづらかった。

こうしてブリトン人の住み着いた島の西端は、イングランドからは「ウェールズ」と呼ばれるようになった。ウェールズのブリトン人は自らのことを同胞《どうほう》を意味する「カムリ」と呼んでいて、「ウェールズ」はありがたくない名であった。というのも、「ウェールズ」は、古い英語で「よそ者」を意味したからだ。先住民であったブリトン人は、後からやってきた「よそ者」であるアングロ＝サクソン人に「よそ者」呼ばわりされたのだ。

ウェールズに居住をはじめたブリトン人は、この地を拠点として、イングランドに対抗をはじめる。イングランド優勢の時代が長かったとはいえ、ときにイングランドにまでも侵攻、イングランドとの抗争はしばらくつづく。

また、アングロ＝サクソン人に追われたブリトン人のなかには、島を捨てる者も現れた。

島を捨てたブリトン人

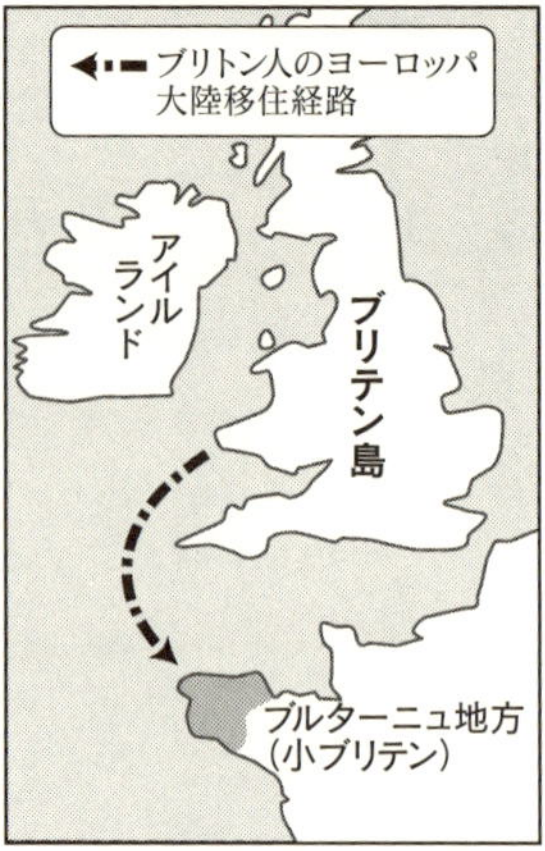

彼らはフランスへと渡り、ブルターニュ半島に住み、やがてフランス化した。ブルターニュ地方の名は、ブリトン人のいた土地であったところに由来する。ブルターニュ地方の面積は、ブリテン島から比較すると小さい。そこからブリテン島は「グレート・ブリテン（大ブリテン）」と呼ばれるようになり、ブルターニュ地方は「小ブリテン」と呼ばれるようになったのだ。

アーサー王伝説

敗れゆくウェールズのブリトン人が見た夢

イギリス史において、もっとも有名な王といえば、「征服王」ウィリアム1世でもなければ、「女傑」エリザベス1世でもないだろう。アーサー王こそはもっとも有名な王であり、彼と円卓《えんたく》の騎士の物語は、「アーサー王伝説」として、ヨーロッパはもとより日本でも有名だ。

「アーサー王伝説」では、アーサー王は神剣エクスカリバーを手に入れ、ブリトン人の王となる。彼の周囲には、湖の騎士ランスロット、予言者マーリンら多彩な臣下があり、トリストラム（トリスタン）の恋物語もある。これについては、ワーグナーのオペラ『トリスタンとイゾルデ』で世界的に知られる。

ただ、じつのところ、「アーサー王」という名の王はイギリスにはいない。アーサー王の物語の舞台は5世紀から6世紀のイングランドとされるが、アーサー王の物語はこれよりはるか後世に創られ、まとめられたものである。まずは12世紀にジェフリー・モンマスというウェールズ出身の作家が、『ブリタニア列王伝』を著す。ここにアーサー王の物語が登場、以後、アーサー王の物語は膨らみつづけ、15世紀、トマス・マロリーの『アーサー王の死』が集大成となっている。その間、アーサー王の物語はフランスにも渡り、フランスで恋愛物語色が強まったとされる。

ただ、アーサー王伝説は、まったく無から生まれたわけではなく、王のモデルは、実在したといわれる。アンブロシウス・アウレリアヌスという人物がそのモデルとされ、アングロ=サクソン人が勢力を強めるなか、彼のもとにブリトン人が結集した。彼らはアングロ=サクソン人と戦いを繰り返し、バドニクス（ペイドン）の丘の戦いではついに勝利する。こうした記憶がブリトン人の間に残り、いつしかアーサーという名のすばらしい王がいたという物語になっていったと思われる。

アーサー王伝説が誕生、膨らんでいった背景には、ウェールズの地にまで追われたブリトン人の無念があったろう。彼らが古くから有していたケルト文化までもが、アングロ=

サクソン文化の浸透を受けるようになっていったとき、彼らは自らの文化を語るための伝説を欲するようになっていった。そして、ふたたびアーサー王のような英雄がウェールズに現れることを願った。アーサー王とその騎士たちは島のどこかに眠っていて、来《きた》るべき日に復活するという「アーサー王の帰還」伝説までもが生まれていったのだ。

じつのところ、「アーサー王伝説」は、その後のイギリス史を大きく動かしている。イングランドのチューダー朝の開祖となったヘンリ7世は、ウェールズの名族の血をひく。彼は戦いに勝つため、ウェールズの血を強調、「アーサー王」の再来をイメージさせ、ウェールズ人の協力を引き出しているのだ。ウェールズ人であるヘンリ7世がイングランド王になったのだから、ウェールズ人は怨念を晴らす日がくるのだ。

スコット人
スコットランドの王は、アイルランドから渡来した

アングロ＝サクソン人がブリテン島に侵攻、拡大をつづけた時代、島の北方、カレドニアを見るなら、ピクト人は健在ながら、独自の地位は怪しくなっていた。彼らの居住するカレドニアに新たに上陸をはじめたのは、スコット人である。彼らは、もともとアイルランドの北方に居住、海を越えて、ブリテン島北部の西岸に居住するようになった。

その本格的入植は、500年ごろ、スコット人のファーガス・モー・マク・エルク（ファーガス2世）の一派にはじまる。彼は、アイルランドの出身地の名に由来する「ダルリアダ王国」を樹立した。

カレドニアの状況は、島の南部におけるアングロ=サクソン人対ブリトン人と変わらない。スコット人の「ダルリアダ王国」と先住のピクト人のつくった「オールバ王国」は激しく対立、抗争を繰り返すが、やがて彼らは共生するようになる。

スコット人もピクト人も、ケルトの流れを汲む民族である。しかも、彼らはともに早くにキリスト教に入信していた。同じ系統の民族、同じ宗教を奉じる者として、決定的な対立は避けられたのだ。

ただ、優勢になったのはスコット人のほうである。スコット人の土地ということから、カレドニアの地はスコットランドと呼ばれるようになったのだ。ファーガス2世は、スコットランドにおける最初の王といわれる。

アルフレッド大王

統一に向かいはじめたイングランド

ブリテン島に渡ったアングロ=サクソン諸部族は、ブリトン人を隅に追いやり、島の中央に定着したが、彼らの統一王国は長いあいだ誕生しなかった。「七王国」時代を経て、9世紀前半になると、ウェセックス国王・エグバートにより、七王国には緩やかな統一がはじまる。彼らは自国を「アングリア」と称した。

統一をさらに推し進めたのは、エグバードの孫であるアルフレッドである。「大王」といわれた彼には求心力があり、諸々の改革をおこない、イングランドをまとめあげようとした。

アルフレッド大王の血は、いまのイギリス王家にも流れている。彼の血をひく娘が、ノルマン朝の時代、ヘンリ1世と結婚、その子孫がエリザベス2世でもあるのだ。

このあと、10世紀前半、アゼルスタン王の時代に「イングランド王」を名乗りはじめ、彼は立法の習慣を確立させていく。イングランドの有力者が一堂に集まり、「賢人会議」も開かれた。973年には、エドガ王がカンタベリー大司教ダンスタンのもと、イングランド南西部のバースで戴冠《たいかん》式を挙行した。

中世のヨーロッパにあっては、戴冠式こそは統治者に威厳を付与するものである。西ヨーロッパでは800年、フランク帝国のカール大帝（シャルルマーニュ）のローマ・サン＝ピエトロ大聖堂における皇帝戴冠式がひとつの規範となっていた。ようやく、イングランドもこれに倣《なら》うことができたのだ。

こうして統一イングランド王国が徐々に形成されていったのだが、それはアングロ＝サクソンの自主的なものとは言い難かった。彼らは、危機に直面していた。8世紀後半、西ヨーロッパではフランク帝国による大統一がいったんはなされていた。これに危機感を抱いたこともあろうが、彼らはそれ以上の一大危機に瀕《ひん》していたのだ。その危機を克服するため、団結し、統一王国を目指したのである。その危機とは、デーン人の襲来である。

デーン人
ヴァイキングの襲来が、イングランドを統一に向かわせた

ブリテン島を襲ったデーン人とは、ヴァイキングのことである。ヴァイキングは、スカンディナヴィア半島からユトランド半島に居住していた北ゲルマン人の総称だ。「北方の人」という意味の「ノルマン人」の名でも呼ばれる。出身地域でも呼び名が変わり、ノルウェーからは「ノール人」、デンマークからは「デーン人」、スウェーデンからは「スウェー人」と呼ばれる人たちが襲来した。ブリテン島を襲撃したのは、なかでもおもにデーン人たちである。

ヴァイキングによる西欧、地中海、さらにはロシアへの侵攻は、ゲルマン民族の大移動

につづく第二次民族移動の側面がある。ヴァイキングの侵攻には、ヨーロッパ大陸でフランク帝国が強大化し、領土拡大にはしったことに対しての反発、反撃といった面もあろう。北欧では造船技術、航海技術も発達し、航海の冒険に出ていく技術的な裏打ちもあった。

ヴァイキングらが西に進むなら、すぐにブリテン島やアイルランド、フランス北岸へとたどり着く。ヴァイキングはアイルランドやマン島（ブリテン島とアイルランドの間にある島）を襲い、8世紀末にはデーン人がイングランドに襲来しはじめていた。そして、865年、デーン人の一大侵攻がはじまった。デーン人はイーストアングリアを滅ぼし、ノーザンブリアやマーシア、ウェセックスの多くを侵食した。

デーン人の侵入

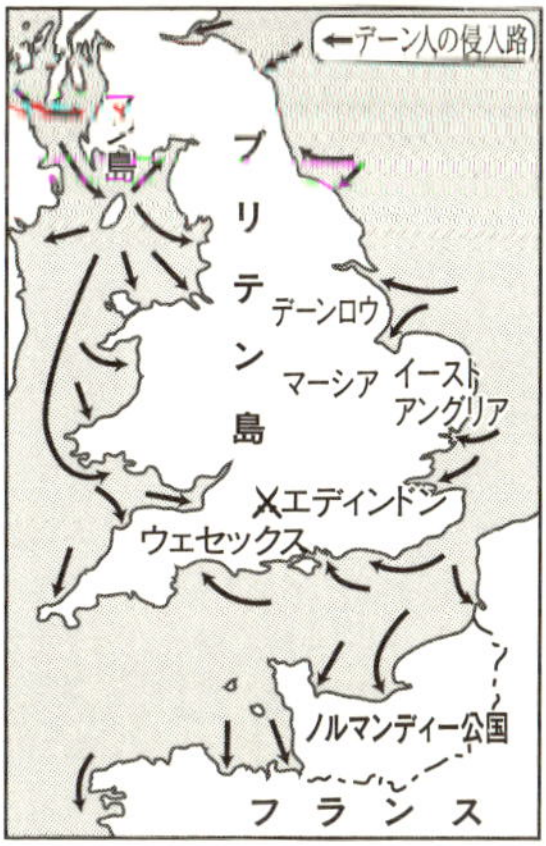

かつてブリトン人を島の隅にまで追いやったアングロ＝サクソン人の武力だが、デーン人に対しては劣勢であった。デーン人は、馬を伴って上陸し、騎馬による高速侵攻と機動戦術を得意とした。この時代まで、アングロ＝サクソン人には騎馬戦闘の習慣がなく、馬を降りて戦っていた。日本の武士も現実には彼らと同じなのだが、それはとも

かく、騎馬戦術のないアングロ=サクソンは、デーン人の機動戦術に屈しつづけたのである。

デーン人たちは、当初、侵攻した土地からの掠奪をもっぱらとしたが、やがて土地を支配しはじめる。デーン人の支配地域は、「デーンロウ」と呼ばれた。デーン人の法や習慣が支配しているという意味だ。

そうした危機のなか、871年にウェセックス王として即位したのが、アルフレッド大王である。彼はエディントンの戦いでデーン人相手に大きな勝利をあげた。この勝利を土台に、アルフレッド大王はデーン人側と協定を結び、アングロ=サクソン人の領域とデーン人の領域の境界を定めた。大王をもってしても、デーン人たちを島から駆逐することは不可能であり、むしろ彼はデーン人との島での共生を模索した。と同時に、デーン人にこれ以上、侵食されないためにも、国を統一し、国力を充実させる方策をとったのである。

一方、スコットランドでは、ヴァイキング襲来まで、ピクト人と新たな入植者のスコット人は抗争を繰り広げていたが、ヴァイキングの襲来にあうと、いつまでもお互いを傷つけあってはいられない。彼らは、ヴァイキングに対抗するため、抗争をやめ、共生するようになっていった。

デーン朝

クヌートの「北海帝国」に組み込まれたイングランド

アルフレッド大王やアゼルスタンの内政拡充は、デーン人に対するひとつの防壁となったが、王家が弛緩《しかん》すると、デーン人は容赦なく攻め込んでくる。一大危機は、10世紀後半に即位したエゼルレッド国王の時代にやってきた。彼は「無思慮王」と呼ばれるくらい軽率な行動をとった。イングランド国内のデーン人虐殺を命じ、実行させたのである。イングランドにデーン人に対する十分な備えも何もないにもかかわらず、である。

これに対してデーン人の王、つまりデンマーク王スヴェンは怒り、大軍をブリテン島に送り込んだ。エゼルレッドは屈し、デーン人に対して、巨額の銀貨を差し出すことでようやく和平となった。この貢納金《けんのうきん》は「デーンゲルト」と呼ばれ、こののち、たびたびデーンゲルトが差し出された。デーンゲルトによって大貨を手にしたデーン人はいったんは引き下がるが、しばらくすると、デーンゲルト欲しさにまたも侵攻をはじめる。イングランドはそのたびに屈し、デーンゲルトが習慣化してしまったほどだ。

結局、エゼルレッドはイングランドから逃亡、妻の実家であるノルマンディへと逃亡する。国王不在になったイングランドでは、国内の有力貴族の推戴《すいたい》によって、デンマーク王スヴェンがイングランド国王ともなった。

そのスヴェンが急死すると、エゼルレッドの子エドマンド2世が国王となるが、スヴェンの次男クヌート（カヌート）はこれをゆるさなかった。クヌートの軍勢はアシンドン（エセックス）の戦いでエドマンド2世の軍を打ち破る。イングランドでは賢人会議が開かれ、クヌートがイングランド王と認められたのだ。イングランドの有力者たちは、アングロ=サクソン人の王家を見かぎりはじめ、有能なデーン人を自らの王としたのだ。

こののち、クヌートは兄の死によりデンマーク王を継承したうえ、スウェーデン、ノルウェーを打ち破る。彼はノルウェーとスウェーデン南部も所有、デンマークからイングランドとまたがる「北海帝国」を築き上げたといっていい。

ただ、北海帝国は英傑クヌート一代かぎりで終わる。彼の死後、帝国は瓦解《がかい》、イングランドではアングロ=サクソンの王家が復活している。その王家も長続きせず、新たな征服が待っている。

ノルマン人の影

「ノルマン・コンクェスト」をもたらした、ノルマンディー公との関係

イングランド史において、最大の事件といえば、１０６６年に起きた「ノルマン・コン

クエスト（ノルマンの征服）」である。フランス・ノルマンディーにあったノルマンディー公ギヨーム2世がブリテン島南部に上陸、ヘースティングスの戦いを経て、ウィリアム1世の名でイングランド国王として即位する。

これまで、イングランドの歴史は、征服の連続であった。ケルト人（ブリトン人）、アングロ＝サクソン人、デーン人の征服につづいては、フランス化したノルマン人の征服となった。これがイングランド最後の征服であり、以後、ノルマン朝のもとイングランドは征服をゆるさない強国と化していく。ノルマン・コンクェストはその意味で画期的であり、ノルマン・コンクェストよりもまえのイングランドは、「オールド・イングランド」とも呼ばれる。

「征服王」となったウィリアム1世だが、彼は突然の侵入者ではない。彼の登場以前からノルマンディー公国とイングランド王家にはつながりがあり、ウィリアム1世はそうしたつながりをもとに計画的にイングランド征服を目指していたのだ。

これを語るまえに、まずはノルマンディー公国の成立を見るなら、彼らもまたヴァイキングの末裔《まつえい》である。その祖先をたどっていくと、ロロという人物となる。ロロはノルマン人を率いて、フランスのセーヌ川を遡行《そこう》、中流のパリを包囲する。窮《きゅう》したフランス王はロロを懐柔《かいじゅう》、彼の一派にセーヌ川下流域への居住をゆるした。そこには、彼らをして、新たなるヴァイキング襲来の楯《たて》にしようとする意図があったと思われる。

以後、セーヌ下流の土地は「ノルマン人の土地」という意味で、「ノルマンディー」と呼ばれ、ロロの子孫たちはここに定住した。ロロの子孫はフランス国王からノルマンディー公の座を与えられ、フランス化していった。彼らは、故国の言葉を忘れ、フランス語で会話し、フランス式の統治を身につけはじめたのだ。

イングランド国王とノルマンディー公の関係は、11世紀初頭、「無思慮王《むしりょ》」エゼルレッド国王の時代にはじまる。彼は、デーン人対策のために、ノルマンディー公との提携を図り、ノルマンディー公の妹エマを妃に迎えた。のちに、デーン人によってイングランドから追われたエゼルレッドは、妻の生家であるノルマンディー公を頼り、ここで暮らすようになる。彼の子らもノルマンディーで育てられたから、ノルマンディー公の影響を受けないはずがない。

クヌートの死後、エゼルレッドの子・エドワードがイングランド国王となるが、彼のノルマンディー時代は25年間と長かった。ギヨーム2世（ウィリアム1世）とも親交があり、エドワードはどこかの段階で、自らの後継王をギヨーム2世に定め、ギヨーム2世も納得していたとされる。ギョーム2世自身、エドワードの遠縁にもあたったから、イングランド王家相続のための血統にあった。ギョーム2世は、エドワード没後のことを考えて、征服の計画を練ることができたのだ。彼は、すでにローマ教皇にも根回しをして、了解を得ていた。

また、エドワードがイングランド国王となると、多くのノルマン人が家臣団として海を渡っていた。彼らはやがて反対勢力に追放されるが、すでにノルマン・コンクェスト以前からノルマン人の影がイングランドにちらつきはじめていたのだ。

ノルマン・コンクェスト

ウィリアム1世に及ばなかったハロルド2世の電撃戦

1066年、エドワード国王が没すると、イングランド国王の座を巡って、熾烈《しれつ》な争いがはじまった。狙いをつけていたのは、ノルマンディー公ギョーム2世のみではない。ノルウェー王ハーラルもその座を主張し、エドワードの義弟であったハロルドもまた、王位を手にしようとした。

賢人会議によってハロルドがハロルド2世として国王に選出されたが、ギョーム2世もノルウェー王・ハーラルも実力でその座を奪いに出た。イングランド国王争いは、三つ巴《どもえ》

ノルマン人による征服

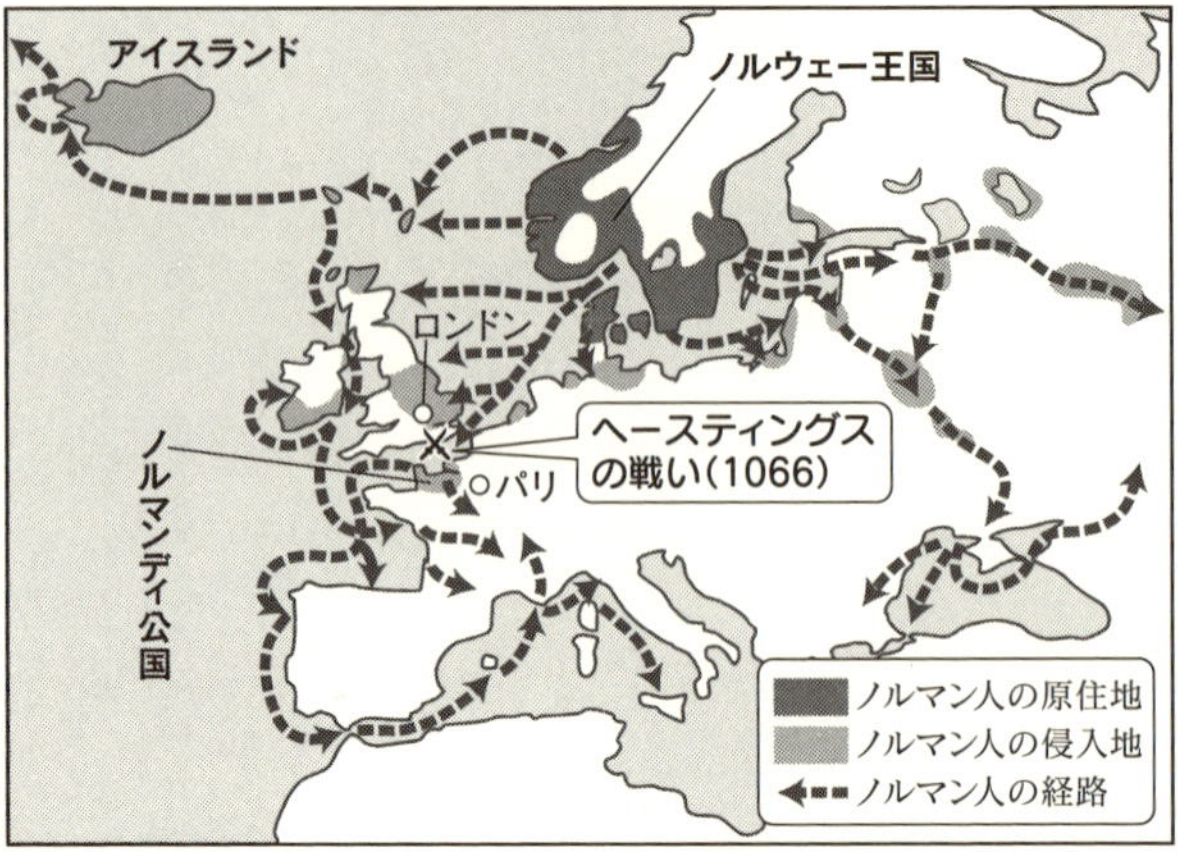

の戦いとなったのだ。まずはハーラルが動き、ブリテン島に上陸した。ハロルド2世はスタンフォード・ブリッジで待ち受け、ハーラルの軍勢に大勝、ハーラルを戦死に追い込んでいる。その勝利の4日後、ギョーム2世の軍勢はブリテン島南岸に上陸した。ハロルド2世は返す刀でギョーム2世と戦う電撃戦に出た。

　両雄が激突したヘースティングスの戦いは一進一退の激戦となり、ハロルド2世が戦死、これによってすべてが決まった。ギョーム2世は、ロンドンのウエストミンスター寺院でヨーク司教のもと、戴冠式をおこない、ウィリアム1世として即位した。これが、ノルマン朝のはじまりだ。その後、彼はいくつかの反乱を迅速《じんそく》に処理し、支配の基盤を固めていった。

ウィリアム1世がイングランドを完璧に征服できたのは、準備を万端に整えていたこともあるが、もうひとつ、築城術を獲得していたことにある。ノルマン・コンクエスト以前のイングランドには、城らしいものはなかった。そんななか、ウィリアム1世はイングランド各地に小さな城を数多く築き、軍の拠点、兵站《へいたん》の拠点とした。これにより、ウィリアム1世の支配はイングランド全体に急速に広がっていったのだ。

マルカム3世の屈伏

ノルマン・コンクエストの余波は、スコットランドを変質させた

「征服王」ウィリアム1世によるノルマン・コンクエストは、イングランド史を大転覆《だいてんぷく》させる一大事件であった。その衝撃は、イングランド一国にとどまらず、スコットランドにまで押し寄せている。

ノルマン・コンクエストの時点のスコットランド王は、マルカム3世である。マルカム3世は、王位を簒奪《さんだつ》していたマクベスを打ち破った王として知られる。マクベスがスコットランドを制した時代、幼いマルカム3世はイングランドに逃亡、イングランド軍の支援を得て、マクベスを滅ぼすことができたのだ。

イングランドに恩があるにもかかわらず、スコットランド王に即位したマルカム3世は

イングランド侵入を企図した。そこに、イングランドではノルマン・コンクェストが起き、ウィリアム1世が新たな王となった。ウィリアム1世は、北方でちょっかいを出そうとするスコットランドをゆるさなかった。ウィリアム1世は艦隊を率いて、スコットランドを襲い、マルカム3世を屈伏させた。以後、ノルマン朝はスコットランドを属国扱いするようになったのだ。

ノルマン・コンクェストの余波は、ほかにもあった。ノルマン人に滅ぼされたアングロ=サクソンの宮廷人、有力者らは北方へ逃亡、王家の血をひくマーガレットの姿もあった。すでにアングロ=サクソン文化に馴染んでいるマルカム3世は、アングロ=サクソン王家の血をひく彼女と結婚する。これにより、スコットランドの宮廷とその周辺は、急速にアングロ=サクソン化していく。アングロ=サクソンの文化は、当時の粗野なスコットランドの文化より洗練されていて、これが受け入れられたのだ。

ノルマン・コンクェストによって、イングランドのフランス化がはじまったが、その余波で、スコットランドではアングロ=サクソン化がはじまっていたのだ。

イギリス文化の疑問に答える 1

マクベスは、本当に悪人なのか？

シェイクスピアの戯曲『マクベス』の主人公は、11世紀のスコットランド史において実在した人物である。マクベスは、戯曲にもあるように、アサル王家のダンカン1世を殺害、王位に就いている。ダンカン1世とは従兄弟の関係にあったから、マクベスには王位継承者となる理由があった。

シェイクスピアの戯曲では、マクベスは呪われた悪人として描かれ、惨めな生涯を終えている。けれども、実際のマクベスは、たんなる悪人ではなかったと思われる。マクベスの統治が17年にも及んだことを考えるなら、彼には支持者がいたということになる。

じつのところ、マクベスより悪人かもしれないのは、マクベスを討ったマルカム3世である。マルカム3世は、マクベスに殺されたダンカン1世の子であり、マクベス討ちは仇討ちとして正当化できよう。

だが、彼は、ルーラッハという、もうひとりのスコットランド国王も殺している。マクベスを討ったのち、つづいてスコットランド王に即位したのが、このルーラッハであった。それはある勢力に担がれてのことだが、マルカム3世はこれが気に食わなかった。ルーラッハの即位の4か月のちには、マルカム3世はふたたび軍を率い、新国王・ルーラッハを討っている。

やっていることはといえば、マクベスもマルカム3世も同じようなものなのだ。にもかかわらず、マクベスが悪人扱いされていったのは、マクベスを討ったマルカム3世が強面《こわもて》だったからだろう。マルカム3世の異名「カンモー」は、ゲール語の「大《おお》頭《がしら》」「偉大なる首長」に由来する言葉とされる。これは、彼が強圧的だったあかしだろう。彼は恐れられ、彼に従うためには、マクベスを悪人とするしかなかったのだ。

2章

ノルマン朝の成立からバラ戦争まで

フランスとの抗争と果てしない内戦

本章で扱う時代のおもな出来事

プランタジネット朝	1154	ヘンリ2世即位
	1189	リチャード1世即位
	1199	ジョン即位
	1209	ジョンがローマ教皇に破門される
	1215	マグナ・カルタ制定
	1216	ヘンリ3世即位
	1272	エドワード1世即位
	1327	エドワード2世の廃位 エドワード3世即位
	1337	百年戦争がはじまる
	1348	ペスト(黒死病)の流行
	1381	ワット=タイラーの乱
ランカスター朝	1399	リチャード2世廃位、ヘンリ4世即位
	1413	ヘンリ5世即位
	1453	百年戦争が終わる
	1455	バラ戦争がはじまる
ヨーク朝	1461	エドワード4世即位
	1483	リチャード3世即位
テューダー朝	1485	ヘンリ7世即位

ドゥームズデイ・ブック

ノルマン朝の支配を確立させた土地台帳

イングランドにノルマン朝を開いたウィリアム1世は、これまでのアングロ＝サクソン社会の伝統や儀式をある程度尊重しつつも、征服者として国のあり方を大きく変えた。ウィリアム1世は、イングランドの既得権益層の多くを一掃し、多くの土地をノルマン貴族や聖職者に与え、自らもイングランド国土の5分の1を領地とした。

これらは、イングランドに大陸の封建制が持ち込まれたといっていい。国王は有力諸侯に土地を与える代わり、彼らに軍役を課すことができた。日本でいえば、鎌倉幕府と御家《ごけ》人《にん》たちの「ご恩」と「奉公」に似たシステムだが、イングランドでは鎌倉幕府よりも1世紀以上も早くにこれを成り立たせていた。

さらに、ウィリアム1世は税収を確保するため、「ドゥームズデイ・ブック」を作成させている。これは土地台帳のことであり、全国の所領を調査させ、所有者の保有面積や農民の数、その評価額、納税額までを調べさせた。日本でいえば、「太閤検地」のようなものであり、調査によって税収の確保と安定を図ることができたのだ。また、各領主の提供できる騎士の数も調べ上げ、これにより軍事力も確保している。

「ドゥームズデイ」とは、キリスト教でいうこの世の終末のときである「最後の審判の日」をいう。「ドゥームズデイ・ブック」とは「最後の審判の日の書」であり、つまりは究極の統治の書ともいえた。その作成が1年足らずであった事実は、ウィリアム1世の強い意志力を物語る。

また、ウィリアム1世は、土地保有者のすべてをソールズベリ平原に集め、忠誠を誓わせている。これは、「ソールズベリ宣誓《せんせい》」と呼ばれる。

ウィリアム1世後

なぜ、ノルマン朝では内戦つづきとなったのか？

ウィリアム1世によって創生された「王国」は、もともとから存続の困難を伴っていた。ひとりの王が、フランスのノルマンディー公国領とともにイングランドも統治するのだ。陸続きならともかくも、ドーバー海峡を往復しながらの、両国統治はむずかしい。デーン人のクヌートによる「北海帝国」も、彼の死後、すぐに瓦解《がかい》していることを考えるなら、イングランドとノルマンディーの同時統治はむずかしかった。

しかも、イングランドとノルマンディーの双方を領有する強大な勢力になったがゆえに、周囲を警戒させ、敵としてしまった。とりわけ、フランス国王が敵対的となった。

ウィリアム１世はこれらのことをよく理解していたようだが、彼の子孫はそうは思わなかった。子孫たちは、イングランドとノルマンディーの双方を欲し、これが内戦となる。

ウィリアム１世は、相続にあたって、本拠地であるノルマンディー公国を長男のロベールに与え、イングランドを３男のウィリアムに与えた。４男のヘンリに与えたのは、多額の金銭である。

内戦は、じつはウィリアム１世の晩年からはじまっていた。フランス王らの暗躍もあって、ロベールが父に歯向かってもいた。

ウィリアム１世の死後、本格的に所領争いがはじまり、最後に勝利したのは、土地を譲られることのなかったヘンリである。それまでの過程で、まず、イングランドとノルマンディーの両方を得たのは、３男のウィリアムである。ノルマンディー公となっていた兄ロベールは十字軍遠征に出掛けることになり、やむなくノルマンディーをイングランド王ウィリアム２世となった弟に託したのである。そのウィリアム２世だが、狩りの最中に弓矢が当たり、死去してしまう。これには、弟ヘンリによる暗殺説も絶えない。

このあと浮上したのが、４男のヘンリである。ヘンリはイングランド王ヘンリ１世として即位し、ノルマンディーの奪取にかかるが、もともとの所有者であった兄ロベールがゆるすはずがない。ふたりは武力で争うことになり、ヘンリ1世はイングランドからノルマンディーへ上陸、ロベールの軍を破り、一元統治を確保した。敗れた兄ロベールは、カーディフ城に幽閉《ゆうへい》され、ここで死去している。

ヘンリ1世を敵視する勢力は多い。フランス国王はノルマンディー公でもあるヘンリ1世の強大化を望まなかったし、ロベールの子も打倒ヘンリ1世を狙っていた。ヘンリ1世はつねに戦い、そんななか没する。

プランタジネット朝

密約によって即位したフランス人・ヘンリ2世

ヘンリ1世が没しても、ノルマン朝の内戦体質は変わらなかった。ヘンリ1世の後継王となったのは、彼の甥《おい》であるフランスのモルトン＝ブーローニュ伯・エティエンヌ・ド・ブロワである。彼は、ヘンリ1世の訃報《ふほう》を知るや、ただちにイングランドに上陸、英名スティーヴンとして即位した。

このあたりの動きは、ノルマン朝の始祖ウィリアム1世の征服の再現に近い。ただ、ヘンリ1世の娘・マティルダはスティーヴンの即位を認めなかった。彼女はもともと神聖ローマ帝国皇帝・ハインリヒ5世と結婚し、皇帝死去ののち、ノルマンディーの南にあるア

ヘンリー1世時のノルマン朝の領土

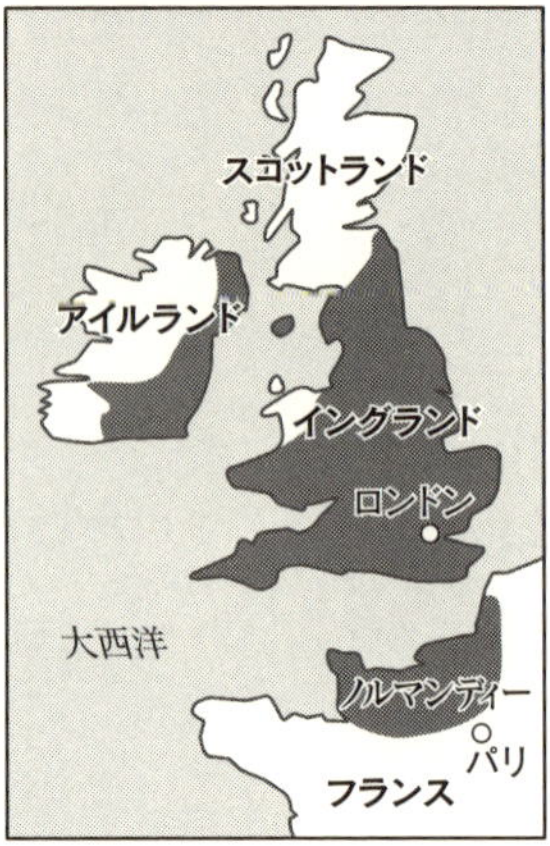

ンジュー伯ジョフロワ4世に嫁いでいた。ヘンリ1世は生前、マティルダを後継に指名していた。マティルダにとって、スティーヴンの即位は約束違反であり、両者の内戦がはじまった。その戦いは、およそ20年近くにも及ぶ。マティルダの夫・ジョフロワ4世はいったんはスティーヴンの軍を撃破、彼を捕虜とするが、今度はスティーヴンの王妃・マティルダが反撃、夫スティーヴンを奪回する。ふたりのマティルダの戦いにもなった内戦終局で王女・マティルダはイングランドから撤退する。どうやら、彼女には人望がなかったようだ。

両者の抗争は、1154年、スティーヴンの死によって終わる。マティルダ（ヘンリ1世の娘）の子であるアンジュー伯アンリは、イングランドに渡り、英名ヘンリ2世として即位する。じつのところ、スティーヴンとマティルダ側には、マティルダの子を次の国王とする密約があったようだ。スティーヴンは息子を失ってのち、弱気となり、マティルダ側の言い分を聞くこととなったのだ。

ヘンリ2世の即位をもって、ノルマン朝は終わり、新たにプランタジネット朝がはじまる。プランタジネットとは、ハリエニシダ（プランタ・ゲニスタ）という樹木である。ヘンリ2世の生家であるアンジュー伯は、プランタジネットをシンボルのように見なしていた。また、スティーヴンの時代、彼一代かぎりの「ブロワ朝」とする見方もある。彼の父は、「ジョフロワ・プランタジネット」とも呼ばれていたのだ。

アンジュー帝国

ヘンリ2世が、フランス王をしのぐ領地をもった理由

ヘンリ2世のイングランド国王即位、プランタジネット朝の創始は、ヨーロッパの王らに大きな衝撃を与えた。とくに、フランス王にとっては脅威であった。というのも、ヘンリ2世がフランス国王をもしのぐ領地を手にしたからだ。

ヘンリ2世は、その即位以前、アンジュー伯であった時代からフランス国内に大きな領地を得ていた。彼が、アキテーヌ公女アリエノール（エレノア）と結婚したからだ。アキテーヌ公の領地は、フランス南西部にあって広大である。その北には、自らの生家であるアンジュー伯領がある。彼はフランス国王からノルマンディー公としても認められたから、北からノルマンディー公領、アンジュー伯領、アキテーヌ公領を有する存在となっていた

アンジュー帝国の領土

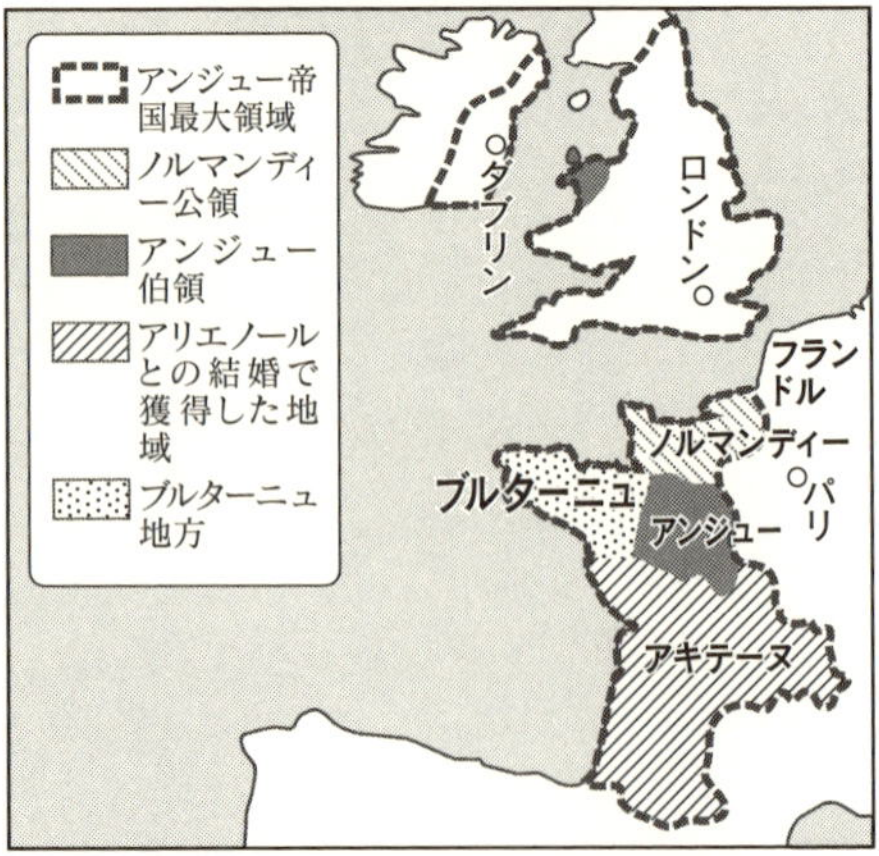

のである。そんな人物が、イングランド王となり、イングランドも領地としたのだから、ここに「一大帝国」ができあがったも同然となった。その帝国は「アンジュー帝国」とも呼ばれ、フランス国王よりも広大な領地を有することになったのだ。

　それは、フランス国王からすれば、おかしな話である。ヘンリ2世はイングランド国王ながら、フランスにあっては、フランス国王の臣下である。臣下なのに、国王よりも広大な領地をもっているのだから、フランス国王はおもしろかろうはずがない。フランス国王対アンジュー帝国の対決は避けられないものとなり、やがてヘンリ2世を苦しめる。

ヘンリ2世

スコットランドを屈伏させるが、ウェールズでは抵抗に遭い、挫折

アンジュー帝国の支配者となったヘンリ2世は、さらに勢力を広げようとした。それは、失地回復の意味もあった。というのも、ノルマン朝末期には、内戦が多く、その隙をついて、スコットランドがイングランドの国境線を破りがちだった。スコットランドのディヴィッド1世にとって、スティーヴンと争ったマティルダは姪《めい》にあたった。マティルダ支援の名目もあって、ディヴィッド1世のスコットランドは、イングランド北部を侵食していた。

ヘンリ2世は、失地を回復せねばならなかった。幸いなことに、スコットランド国王・ディヴィッド1世は死去、孫のマルカム4世がわずか11歳で即位したばかりであった。こうなると、スコットランドは劣勢となる。ヘンリ2世はスコットランドに圧力をかけ、失地を取り返し、さらにマルカム4世に臣従の礼をとらせた。

その一方、ヘンリ2世はウェールズとも戦わねばならなかった。ウェールズからは、オウェン・グウィネッズという実力者が登場していた。彼は、ウェールズ内のグウィネッズ公国の領域を拡大、ウェールズの指導者的な立場を得ていた。

ヘンリ2世は、1157年からウェールズへの侵攻をはじめるが、オウェン・グウィネッズ側の組織的抵抗に苦しむ。さらに遠征軍は嵐の被害にも遭い、食糧不足に陥る。ヘンリ2世のウェールズ制圧計画は破綻、ヘンリ2世はウェールズとは友好・協調路線に切り替えている。
その一方、ヘンリ2世はアイルランドにも兵を送り込み、征服の成果をあげている。

リチャード1世

「獅子心王」はなぜ、父に逆らい、フランス国王に臣従したのか？

アンジュー帝国が瓦解に向かうのは、ヘンリ2世の晩年からである。彼には、ヘンリ、リチャード、ジョンという子があった。リチャードは、十字軍遠征によって「獅《し》子《し》心《しん》王《おう》（ライオン・ハート）」の武名を得た人物だが、ヘンリ、リチャードらは父に逆らいはじめる。ヘンリの反乱は失敗したものの、リチャードはフランス王フィリップ2世に臣従の道を選び、父子の戦いは父ヘンリ2世の敗北に終わる。フランス王は、アンジュー帝国の切り崩しにかかっていたのだ。

ヘンリ2世の没後、リチャードはリチャード1世として即位、アンジュー帝国を継承する。だが、彼は、武人であっても、アンジュー帝国のまとめ役ではなかった。リチャード1世は、フランス国王・フィリップ2世らとともに中東へ十字軍遠征に参加し、不在となったからだ。イングランドの統治も捨ておかれ、彼が即位ののち、イングランドにあったのは、わずかに5か月ほどだ。

リチャード1世は、たしかに十字軍ではイスラムの英雄サラディン（サラーフ＝アッディーン）相手によく戦い、そこから「獅子心王」の異名を得ている。だが、十字軍での働きは彼に名声以外、何物ももたらさず、逆に彼とイングランドを追い詰める結果となった。まずは十字軍ではフランス国王・フィリップ2世と仲違《なかたが》いし、両者の蜜月《みつげつ》は終わる。フィリップ2世は、やがてアンジュー帝国のフランス国内領地奪取にかかる。

また、十字軍では、オーストリア公レオポルトから恨みを買ってしまっている。そのため、リチャード1世は十字軍からの帰路、オーストリア公に捕まり、神聖ローマ帝国皇帝・ハインリヒ6世に引き渡され、幽閉《ゆうへい》の身となってしまった。

幽閉生活から脱するには、当時の常で身代金を支払うしかないが、ハインリヒ6世は巨大なアンジュー帝国の足元を見て、10万ポンドとふっかけてきた。この難題を解決するため、イングランド諸侯には大きな経済負担がかけられることになった。

このあと、イングランドに帰還したリチャード1世は、すぐに大陸に渡り、フランス国王・フィリップ2世と交戦する。フィリップ2世が、リチャード1世のフランス国内領地の接収にかかっていたからだ。そして、交戦中に負傷、その傷がもとで死去している。

リチャード1世のように、歴代ノルマン朝、プランタジネット朝の国王には、イングランドを留守にする国王が少なくなかった。そのため、イングランドでは国王不在でも、政治に支障がないよう、諸侯がシステムを整える必要があった。そんな環境ゆえに、イングランドでは、議会の原形も生まれやすかったのだ。

ジョン
なぜ、彼の時代にアンジュー帝国は解体に追い込まれたのか？

ヘンリ2世、リチャード1世が保持した「アンジュー帝国」を一気に瓦解させたのは、ジョンである。ジョンはリチャード1世の弟で、リチャード1世の死没によって彼の後継者となり、イングランド国王としても即位した。

ジョンには、「欠地王《けっちおう》」というあだ名がある。「欠地王」と呼ばれたのは、ジョンにもともと相続できる土地がなかったためだ。いかに広大なアンジュー帝国の一員とはいえ、ジョンは末子であった。そのため、彼に分け与える土地がなかったのだ。

ただ、その後、ジョンの兄らが次々と死去したこともあり、ついにジョンはアンジュー帝国の相続人となった。そこから先、ジョンはアンジュー帝国の領地の多くを失う過酷な運命が待っていた。

ジョンから多くの土地を奪い取ったのは、フランス国王・フィリップ2世である。ジョンのアンジュー帝国は、フランス国内に多くの土地を有する。これが、フランス国王にとって癪《しゃく》の種であり、フィリップ2世にはジョンの兄リチャード1世からも領地を奪おうとした過去がある。

ただ、リチャード1世は武人として侮《あなど》れない。フィリップ2世もリチャード1世相手に勝利はむずかしかったが、ジョンには、兄リチャード1世ほどの武勇はない。ジョンはフィリップ2世に軍事的敗北を喫し、フランス国内にあったアンジュー帝国領を次々と奪われてしまったのだ。ノルマン朝の故地ともいえるノルマンディーはフィリップ2世支持に回り、アンジュー帝国のフランス領地はロワール川以南とガスコーニュのみとなってしまったのだ。ここで、ジョンについたあだ名は「失地王」だ。

ジョンによるフランス国内、とりわけノルマンディーの失地は、その後のイングランドを決定づける。もともと、プランタジネット朝の諸侯は、ノルマン朝以来、ノルマンディーの出身である。

ジョンが失った領土

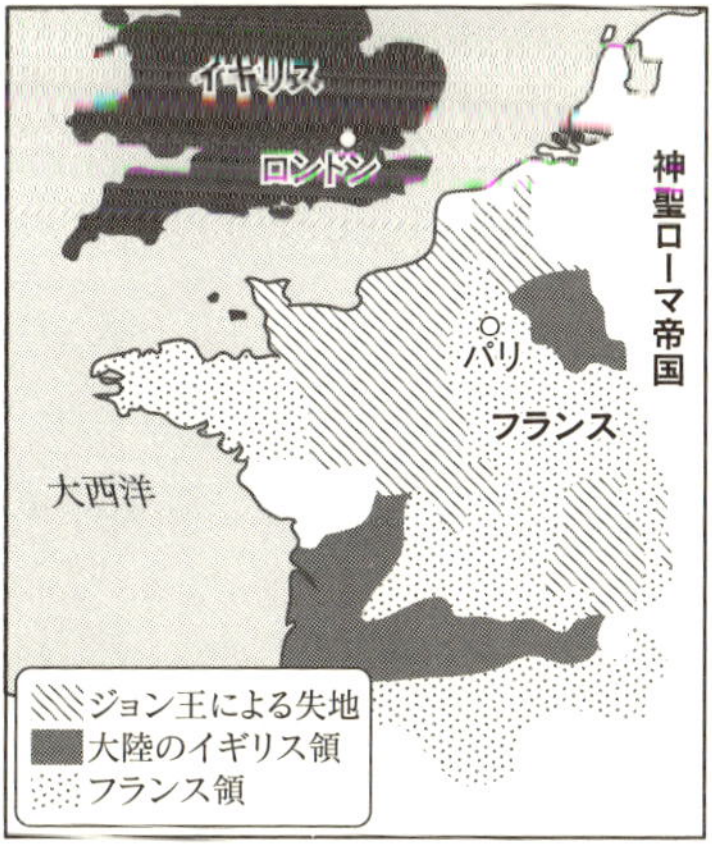

彼らは、故地ノルマンディーとイングランドの双方に領地をもっていた。それがジョンの失地によって、故地ノルマンディーの領地を失う。プランタジネット朝の諸侯らは、もはやイングランドに自らを託すしかない身となり、ここにイングランドへの本格的な土着化もはじまる。ノルマン・コンクェスト以来、フランス化したイングランドが、「脱フランス化」への道を歩みはじめたのである。

マグナ・カルタ

ローマ教皇に屈し、つづいては諸侯に頭を押さえつけられたジョン

ジョンは、アンジュー帝国の領地を失っただけではすまなかった。つづいて、ジョンを待っていたのは、ローマ教皇・インノケンティウス3世による破門である。インノケンティウス3世は、ローマ教会の力を最大にした、最強の教皇だ。ジョンからアンジュー帝国の土地を奪ったフィリップ2世も、インノケンティウス3世の前に破門されている。

ジョンとインノケンティウス3世のトラブルは、カンタベリー大司教の叙任権《じょにんけん》を巡ってのものだ。このころ、ヨーロッパ大陸でも聖職叙任権を巡って、ローマ教皇と国王の対立があり、そのイングランド版となった。ジョンは「国王に叙任権がある」と主張したが、インノケンティウス3世はこれに怒り、1209年にはジョンを破門する。

中世のヨーロッパでは、国王の権威はローマ教皇によって保証されている。そのローマ教皇から破門されたのでは、ジョンはイングランド国王としての求心力を失う。ジョンはインノケンティウス3世の前に屈し、多くの寄進をおこなうことで、破門を解かれている。

これでジョンの苦難は終わらない。ジョンによって、フランスでの失地は回復しなければならないものだった。

ジョンはフランス遠征に出掛け、またしてもフィリップ2世の前に敗れる。それでもフランス侵攻を諦めきれないジョンは、イングランド諸侯に軍役金（戦費）を課す。これがイングランド諸侯を怒らせた。イングランド諸侯とジョンは戦争状態になり、ロンドン市民も諸侯の味方についた。ここでもジョンは屈する。

1215年、諸侯がジョンに認めさせたのが、「マグナ・カルタ（大憲章）」である。マグナ・カルタでは、封建的負担の制限や国王の職権濫用《らんよう》防止、都市の特権などが明文化された。法の支配を明文化したという意味で、イギリスの立憲政治の基盤とされる。

ただ、ジョンはすぐにマグナ・カルタを撤回、ふたたび諸侯と争い、あろうことかフランス国王に助太刀《すけだち》まで頼んでいる。その混乱のなか、ジョンは没している。

ヘンリ3世とパーラメント
イングランド議会政治の源流

1216年、イングランドに多大な災難をもたらしたジョンが没したのち、新たにイングランド王として即位したのは、ジョンの子ヘンリ3世である。ジョン対諸侯の争いは、ヘンリ3世の時代にも持ち越される。

ヘンリ3世は即位からしばらくは、幼かったこともあって、諸侯との関係は悪くはなかった。この時代、「諸侯大会議」が開かれるようになり、これは「パーラメント」と呼ばれるようになる。

だが、ヘンリ3世が1227年から親政をはじめると、状況は変わる。ヘンリ3世は、フランスのプロヴァンス伯の娘アリエノール（エレノア）と結婚、以後、対外政策に目覚め、とりわけフランス遠征に興味をもちはじめる。この時代、いまだフランスに大領地をもっていたアンジュー帝国の記憶が、イングランド宮廷にはある。ヘンリ3世はアンジュー帝国の夢よふたたび、という気になりはじめた。彼は南仏へと出兵したうえ、十字軍に関わろうとする。

戦争のための資金を欲したヘンリ3世は、諸侯会議を招集し、新たな課税の承認を求めた。諸侯はこれを認めず、諸侯とヘンリ3世は対立していく。

イングランド諸侯からすれば、負担のかかる外征は懲《こ》り懲《ご》りであった。しかも、ヘンリ3世はマグナ・カルタを無視して、専制にはしり、課税をしようとしたから、諸侯は抵抗せずにはいられなかった。また、フランス人との結婚によって、宮廷でフランス人が幅をきかせているのも気に入らなかった。すでに、元フランス人であるイングランド諸侯は、イングランド化していたのである。

ヘンリ3世と諸侯の対立は解消されるどころか、レスタ伯シモン・ド・モンフォールをはじめとする諸侯が反乱を起こす事態に発展。1264年、シモン・ド・モンフォールの軍勢は国王軍を破り、ヘンリ3世と皇太子エドワードを捕らえる。彼は、いわゆる「シモン・ド・モンフォールの議会」を開き、聖職者、州代表の騎士、市民代表らが参加した。

こうして改革を望む諸侯側が国王に掣肘《せいちゅう》できるかに見えたが、皇太子エドワードが脱出に成功したことから、形勢は逆転。のちにエドワード1世となる皇太子は、傑物《けつぶつ》であった。彼は多くの諸侯を味方につけて、シモン・ド・モンフォールの軍と戦い、シモンを敗死させている。

このあとヘンリ3世は、敵対していた改革派の諸侯の領地の没収にかかり、国内に混乱が起きるが、事態は収束に向かう。一連の対立のなかで、ヘンリ3世が議会の重要性を認めはじめたことも大きい。もはや、国王として議会の力と法の拘束を無視するわけにはいかず、妥協が生まれはじめていたのだ。

2人の「ルウェリン」

エドワード1世によって、ウェールズが屈するとき

1272年、ヘンリ3世が没すると、その子エドワード1世がイングランド国王となる。彼には、すでに皇太子時代に、シモン・ド・モンフォールを破った実績があった。彼はひところまでの父とは違い、議会を重んじ、内政を充実させた。と同時に、外征を企図する「征服者」であらんとした。

彼に狙われたのは、同じブリテン島内のスコットランドとウェールズである。スコットランド、ウェールズはイングランドに劣勢でありながら、これまで独立を保っていた。そこに、エドワード1世は両国の征服にかかり、これを成し遂げたのだ。

エドワード1世のスコットランド制覇は後述するとして、まずはウェールズである。13世紀、ウェールズには、ふたりの偉大な「ルウェリン」があった。ひとりは、ルウェリン・アプ・ヨーワース（サウェリン・アプ・イオルウェルス）で、「大ルウェリン」と呼ばれる。

彼は、かつてイングランドのヘンリ1世に抵抗したオウェン・グウィネッズの孫である。

もうひとりのルウェリンは、「大ルウェリン」の孫であるルウェリン・アプ・グリフィズだ。彼は、「最後のルウェリン」とも呼ばれる人物だ。

「大ルウェリン」の時代、彼はウェールズのグウィネッズを根城《ねじろ》としつつ、全ウェールズを支配下に置いた。イングランドのヘンリ3世はウェールズに侵攻したが、「大ルウェリン」によって退けられている。「大ルウェリン」は、自らを「プリンス・オブ・ウェールズ（ウェールズ大公、あるいは、ウェールズの第一人者）」と名乗っている。

ルウェリンの領土

「大ルウェリン」の死後、ウェールズはイングランドに劣勢となる。そんななか、1246年、「最後のルウェリン」がグウィネッズ公となる。彼の統率のもと、ウェールズは失地回復をはじめ、ヘンリ3世は彼を「プリンス・オブ・ウェールズ」と認めざるをえなかった。
ウェールズがイングランド相手に善戦でき

た理由のひとつは、ウェールズ人が長弓（ロングボウ）を得意としたからだ。長弓は貫通力が高いうえに、連射がきく。名手になると、1分間に10もの矢を放ち、「弾幕《だんまく》」ならぬ「矢幕」さえつくることができる。これに、イングランドは苦しんだのだ。

だが、ヘンリ3世の後継者エドワード1世が登場すると、状況は一変する。「最後のルウェリン」がイングランド国王の招集を無視したことを理由に、エドワード1世はウェールズに大軍を送り込む。イングランドはウェールズに学び、長弓を自軍の武器に取り入れはじめていた。「最後のルウェリン」は抵抗をつづけるが、ついには戦死、エドワード1世はウェールズ征服を達成する。

ウェールズのイングランドへの正式併合は16世紀になるが、事実上、エドワード1世の征服によって併合されたといえるのだ。

イングランドがウェールズとの戦いで得た長弓は、英仏百年戦争で、イングランド優位を決定づける武器にもなっている。

プリンス・オブ・ウェールズ
征服者エドワード1世のウェールズ懐柔策

エドワード1世はウェールズ征服ののち、ウェールズ人の懐柔《かいじゅう》にかかる。彼は、出産の近い王妃をウェールズの宮廷に住まわせた。彼女は、この地で皇子、のちのエドワード2世を出産する。エドワード1世は生まれたばかりの皇子に、「プリンス・オブ・ウェールズ」の称号を与えている。

「プリンス・オブ・ウェールズ」は、ウェールズ人にとっては、誇り高き称号である。かつて「大ルウェリン」が初めて名乗り、エドワード1世に最後まで抵抗した「最後のルウェリン」もまたこの称号を名乗った。エドワード1世は、皇太子にこのウェールズの誇りある称号を贈ることで、ウェールズ人に一定の敬意を払い、彼らのプライドを満足させようとしたのだ。

ウェールズ人は独立心も強いが、忠誠心も強い。彼らの忠誠心を引き出したいなら、皇太子をウェールズ生まれにすればいい。しかもウェールズゆかりの称号を与えるなら、ウェールズにとって、将来のイングランド王はわが王も同然となる。エドワード1世は、これを期待したのだ。

こののち、14世紀ごろには、「プリンス・オブ・ウェールズ」は、イングランドの次期国王への称号として定着していく。

ウォリスの抵抗

なぜ、スコットランドはエドワード1世の征服に屈したか？

ウェールズを征したエドワード1世は、つづいてスコットランドの征服に取りかかる。それは、じつに容易なものであった。というのも、スコットランドの王家が大混乱の最中であり、エドワード1世はその混乱を利用すればよかったからだ。

これより少しまえ、アサル王家のスコットランドはアレグザンダー3世のもと、強国化していた。アレグザンダー3世は、ノルウェーを破り、ヘブリディーズ諸島を奪回する。アレグザンダー3世は内政を充実させるとともに、イングランド王エドワード1世とも良好な関係を築き、エドワード1世につけ入る隙を与えなかった。

だが、1280年代、スコットランドは黄金時代から暗黒の時代へ暗転する。まずは、アレグザンダー3世の次男、長女、長男と後継者候補が次々と死去、肝心のアレグザンダー3世が、嗣子《しし》のないまま、落馬事故で死去してしまったからだ。まだ44歳のことである。

ここで、スコットランドの長老たちは、ノルウェーにあるアレグザンダー3世の孫娘マーガレットを女王として迎えようとする。老獪《ろうかい》なイングランドのエドワード1世は、わが子とマーガレットの結婚を画策する。彼は、スコットランドを間接支配しようと企むのだが、肝心の「ノルウェーの乙女」マーガレットはスコットランドへの航海中、船酔いで死去してしまう。これにより、スコットランドのアサル王家の血は絶えた。

スコットランドでは、新たな王を選ばねばならなかった。このとき、主導権を握ったのが、イングランドのエドワード1世である。彼は、スコットランドに対する宗主権《そうしゆけん》を主張、仲介人たらんとしたのだ。結果、選ばれたのが、ジョン・ベイリャルである。ジョン・ベイリャルは王位継承の順番では高くなかったが、御《ぎよ》しやすいという理由で、エドワード1世が選び、スコットランドに押しつけたのだ。

エドワード1世の傀儡王《かいらいおう》となったジョン・ベイリャルだが、エドワード1世に粗略に扱われるほどに、国内での求心力を失う。そんな彼にもプライドが頭をもたげた。彼は、フランスと結び、イングランドに対抗しようとする。1296年、エドワード1世は、この敵対行為をゆるさず、スコットランド国内に軍を進め、ベイリャルの軍を完全に撃破、ベイリャルを廃位に追い込んだ。

これにより、エドワード1世はスコットランドを支配し、スコットランドには王がいない時代がおよそ10年つづく。スコットランドの貴族らはエドワード1世の前に集められ、彼に臣従を誓わされた。

国王という求心力のないスコットランドは、このままイングランドに屈しつづけるかと思われたが、騎士ウィリアムス・ウォリスが登場する。ウォリスは反イングランドに立ち上がり、ウォリスのもとに兵が集まった。1297年、スターリング・ブリッジの戦いでは、ウォリスの軍はイングランド軍を破る。

これにあわてたエドワード1世は、ふたたびスコットランドに向かい、ウォリス軍の殲滅《せんめつ》にかかる。ウォリスは、スコットランド王家の血をひかない、ただの騎士であり、彼の求心力には限界があった。彼はスコットランド各地で抗戦したものの、1305年、ついにイングランド軍に捕縛《ほばく》され、処刑された。その体は八つ裂きにされ、スコットランドの各地で見せしめのために晒《さら》された。

ロバート・ドゥ・ブルース

スコットランド救国の英雄は、ならず者だった？

ウォリスの処刑は、スコットランドの抵抗を終わらせるものではなかった。次いで立ち上がったのが、ロバート・ドゥ・ブルースである。彼はイングランド軍をスコットランドから叩き出し、スコットランド救国の英雄とされる。だが、その来歴を見るなら、節度のないならず者であり、追い詰められたならず者が博打《ばくち》に出て、大成功したともいえる。

ロバート・ドゥ・ブルースは、もともとスコットランド・アサル王家に関わる者であり、ジョン・ベイリャルとともに王位継承候補者だった。だが、王に指名を受けることはなかったし、ベイリャルがイングランドに立ち向かおうとしたとき、ロバート・ドゥ・ブルースはあろうことか、エドワード1世の味方となっている。その後も、ウォリス側に立って戦ったかと思えば、エドワード1世に臣従してもいる。

そんな人物が乾坤一擲《けんこんいってき》の勝負に打って出たのは、教会内で仲間といさかいになり、殺してしまったからだ。エドワード1世は彼を無法者と断じ、ローマ教皇は彼を破門した。1306年、窮したロバート・ドゥ・ブルースは歴代国王戴冠《たいかん》の地スクーンで、自らをスコットランド国王と名乗り、エドワード1世への挑戦者となったのだ。

当初、ロバート・ドゥ・ブルースの軍はイングランド軍に完敗するが、やがて挽回、イングランド軍を撃破しはじめる。ここで、ロバート・ドゥ・ブルースに幸運の女神は味方した。本格的に軍事行動をはじめたエドワード1世が、赤痢《せきり》で病死してしまったのだ。後継者として新たにイングランド王に即位したのは、エドワード1世の子・エドワード2世である。彼は自らの結婚準備に忙しく、スコットランド情勢を臣下に任せるだけだった。

イングランド軍は求心力を失い、勢いづいたロバート・ドゥ・ブルースの軍は、スコットランド各地でイングランド軍を破り、スコッランドの要衝スターリングの南バノックバーンでも快勝する。これにより、ロバート・ドゥ・ブルースはスコットランドを解放、これを見たローマ教皇も彼の破門を解いた。ロバート・ドゥ・ブルースは、ロバート1世となる。

ただ、ロバート1世の活躍によって、スコットランドは独立を取り戻したとはいえ、その王位と政治は安定していない。ロバート1世没後、彼の子がディヴィッド2世として即位するが、わずか10か月で廃位され、スコットランドを追われる。代わって、ジョン・ベイリャルの子エドワードがイングランド国王・エドワード3世の支持によって即位するが、彼もまたスコットランドを追われる。スコットランド国内に王は不在状態となり、国を治めたのは、摂政《せっしょう》のロバート・スチュアートである。彼はロバート1世の孫にあたる人物だ。このスチュアート家が、のちにスコッランド王家となる。

こうして不安定なスコットランドがイングランドの属国化を免れたのは、この時代、英仏百年戦争がはじまっていたからだ。イングランドには、スコットランドに兵や時間をさく余裕がなかったのだ。

エドワード2世

なぜ、王妃イザベルに惨殺されたのか？

話をイングランドに戻すと、イングランドでは、スコットランド、ウェールズを征したエドワード1世病没後、1307年に彼の子エドワード2世が即位する。エドワード2世は、偉大な父とまったく逆の暗君としてイングランド史の汚点となっている。

エドワード2世は、狡猾《こうかつ》なフランス国王・フィリップ4世の娘イザベルと結婚、ふたりの間にはのちのエドワード3世が生まれる。このフランス王家との婚姻がのちに百年戦争の遠因ともなるが、エドワード2世は結婚後、王妃イザベルを失望させた。

エドワード2世は側近を寵愛《ちょうあい》しすぎる一面があり、結婚まえから、少年時代の学友ピエール・ド・ギャヴェストンを側近とした。ふたりの間には男色関係があったといわれる。皇太子時代からエドワード2世のギャヴェストンに対する寵愛は度を越えていて、父エドワード1世はギャヴェストンを追放している。だが、父の死後、エドワード2世はギャヴェストンを呼び戻し、元の関係に戻った。諸侯らはついに国王不信を爆発させ、ギャヴェストンを捕らえ、処刑している。その背後で動いていたのが、王妃イザベルだった。

その後、エドワード2世はスコットランドを完全に失う失態を犯すと、今度はデスペンサー父子を寵愛しはじめる。やがてデスペンサー父子は国政にまで介入するようになり、その専横《せんおう》は王妃イザベルと衝突した。イザベルは危機感を抱き、打倒エドワード2世に動く。彼女は愛人のマーチ伯ロジャー・モーティマと結託《けったく》、フランスに渡り、弟であるフランス国王・シャルル4世の支援を得る。イングランドに逆上陸した彼女は多くの軍事支援を集め、エドワード2世を捕縛する。エドワード2世は廃位、ケニルワース城に幽閉の身となり、ディスペンサー父子は処刑された。

幽閉されたエドワード2世は、まもなく死去するが、それはむごい死であったとされる。彼の肛門には焼け火箸《ひばし》が刺し込まれていて、拷問《ごうもん》を受けての死だったといわれる。それほどに、エドワード2世は王妃に憎まれていたということになる。

エドワード3世

なぜ、英仏百年戦争に向かって動きだしたのか?

エドワード2世の廃位ののち、彼の子エドワード3世が14歳でイングランド国王に即位する。当初、国王になったとはいえ、政治の実権は母イザベルと彼女の愛人ロジャー・モーティマが握っていた。だが、エドワード3世はやがて実権奪取に動き、モーティマを処刑、母イザベルを軟禁してしまう。

エドワード3世は、軍事的成功を収めた王として知られる。彼こそは英仏百年戦争の戦《せん》端《たん》を開いた人物であり、その後の大勝利に次ぐ大勝利が、彼の名声を不動にした。

英仏百年戦争の直接の発端となったのは、フランスのカペー朝の断絶である。フランスではカペー朝のシャルル4世が没したとき、彼には子がないままだった。これによりカペー家は断絶、シャルル4世の叔父にあたるヴァロワ伯シャルルの子がフィリップ6世としてフランス国王に即位する。これにより、フランスではヴァロワ朝がはじまる。

これに対して、イングランドのエドワード3世は自分こそが正統なフランス国王後継者と主張した。彼の母イザベルは、フランス・カペー朝の国王・フィリップ4世の娘であり、彼は孫にあたる。カペー家の直系にある自分こそフランス国王であると訴えたのだ。

さらに、エドワード3世は、フランスの土地を欲していたのだ。エドワード3世の先祖、プランタジネット朝の祖ヘンリ1世の時代、イングランド王はフランスに広大な土地まで得て、それはアンジュー帝国と呼ばれた。アンジュー帝国は、プランタジネット朝第3代のジョンの時代に瓦解、イングランド王はフランスの所領の多くを失った。

だが、ジョンにつづく歴代プランタジネット朝の王には、アンジュー帝国の記憶があった。歴代プランタジネット朝の王は、フランスの土地を欲した。ガスコーニュを巡っては、エドワード3世の偉大な祖父エドワード1世がフランス国王・フィリップ4世と争っている。エドワード3世は、フランス国王継承を名目にフランスから領地を奪いたかった。

加えて、歴代フランス国王が過去の経緯を理由にイングランド国王に臣従の礼を要求するのも、エドワード3世の癪の種であった。エドワード3世も、皇太子時代、フランスに渡り、フランス国王に臣従してもいる。母イザベルが、打倒エドワード2世のための軍事支援を得る代償とはいえ、イングランドの皇太子がフランス国王に臣従するのはおもしろくない。だからこそ、フランスの国土を武力で切り取り、フランス国王以上の存在であることを示したかった。

さらに、スコットランド問題の影響もあった。祖父エドワード1世の時代、スコットランドはイングランドの手に落ちたが、父エドワード2世の無策によって、これを失う。その後、スコットランドはフランスの支援を得ていた。エドワード3世は、スコットランド征服のためにも、フランスを叩きたかった。

一方、フランス国王・フィリップ6世にとっては、イングランドの領地として残っていたアキテーヌを接収したかった。これに抗するためにも、エドワード3世は対フランス戦に踏み切ったのである。

クレシーの戦い

イングランドの長弓がフランス軍を蹴散らす

1337年、エドワード3世のイングランド軍は海を渡り、北フランスに侵攻、百年戦争がはじまる。当初、この戦争が100年もつづくとは誰しも思わなかっただろう。百年戦争では、およそ100年間、イングランドとフランスが戦争をつづけていたわけではない。途中、休戦期もあり、前期と後期に大きく分かれる。前期、後期ともイングランドが圧倒的優勢のなか、フランスが巻き返すというパターンになる。

百年戦争の前期では、エドワード3世の軍がフランス軍に大勝した。とくに、クレシーの戦いでは、イングランドの長弓が、フランスの重装騎士の鎧《よろい》を貫くという、フランス軍にとっては悪夢というべき展開となった。

クレシーの敗北にフランス軍は学ばず、クレシーでの必勝兵器・長弓は、1356年のポワティエの戦いでもフランス軍を撃破する。イングランド軍を率いたのはエドワード3世の皇太子エドワード。黒い甲冑《かっちゅう》で身を固めたところから、「黒太子」の異名をもつ武人でもある。対するは、フランス国王・ジャン2世である。ジャン2世の大軍はポワティエでも完敗、彼はエドワード黒太子の捕虜となり、ロンドン塔に送られた。

百年戦争開始時前後のイギリスとフランス

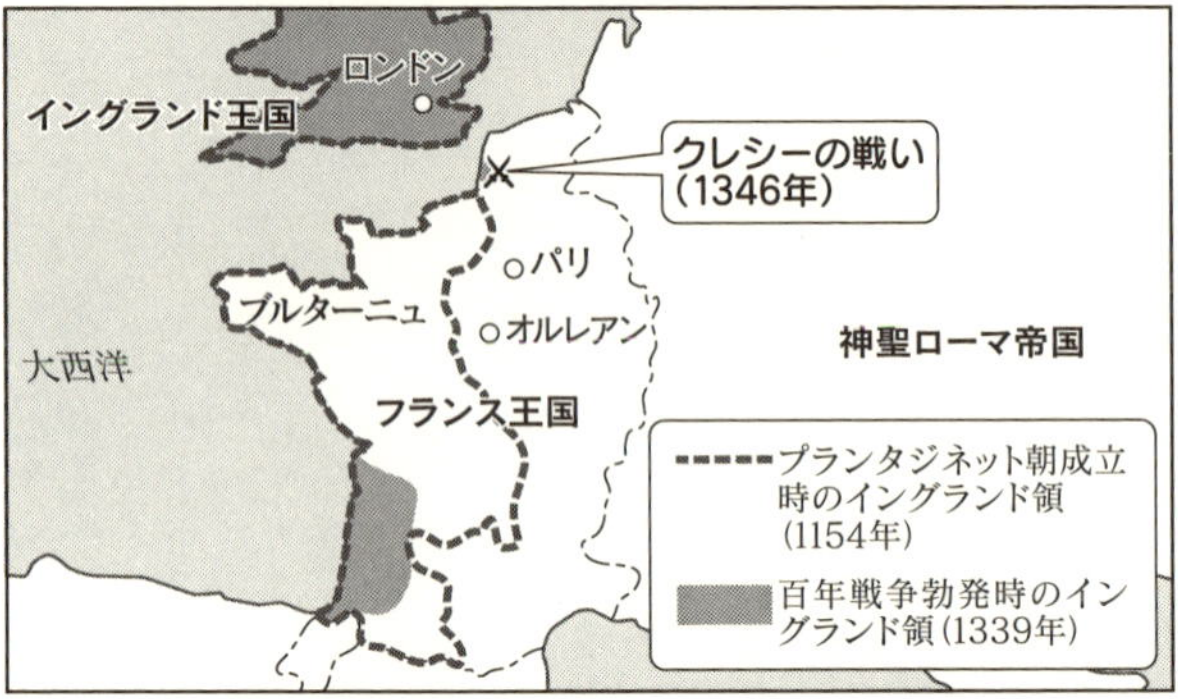

このあと、莫大な身代金をイングランドに支払うことにより、ジャン2世は解放される。アキテーヌ、ポンティエ、カレー、ギーヌなどのフランス領が、イングランドに割譲《かつじょう》されることにもなった。

百年戦争の前半が終わるのは、イングランド、フランス両国の国王の交代によってである。イングランドでは、エドワード黒太子急死に落ち込んだのか、１３７７年、英仏戦争をはじめた当人・エドワード3世が没する。新たに即位したのは、10歳になったばかりのリチャード2世である。フランスでは、１３８０年にシャルル6世が11歳で即位、両国は少年王をいただくことになり、それぞれ継戦意欲を失いはじめた。

そこに、ペスト（黒死病）の流行が重なった。イングランドではワット＝タイラーの乱、フランスではジャックリーの乱という農民反乱が起きると、対外戦争どころではなくなる。こうして、英仏百年戦争は休戦期間となる。

ペスト 人口の激減がもたらした、農民の台頭

百年戦争の時代は、ヨーロッパでペストが猖獗《しょうけ》した時代と重なる。ヨーロッパの中世は、不衛生であり、ネズミを介してのペストが流行る素地があった。

ヨーロッパのペスト流行は、1346年、クリミア半島の南岸ではじまる。1347年にはヨーロッパに上陸、1348年にはイングランドにも達していた。スコットランド、ウェールズ、アイルランドも例外ではなかった。とくに、ペストのなかでも肺ペストは、寒冷な地ではど流行しやすかったから、ブリテン島のペスト禍《か》はひどかったと思われる。

ペストの流行は、イングランドの人口を激減させていた。14世紀末には、14世紀初頭の人口が半分になってしまったという推定もあるほどだ。人口が激減すれば、戦争の継続はむずかしい。そのため、イングランドはフランスとの戦争を中断し、スコットランドへの攻撃も諦めなければならなかった。

一方、ペスト後の世界はイングランドの農民にとってひとつのチャンスとなった。イングランドの農村でも多くの農民がペストで死亡、耕作地は放棄された。労働人口が減った

から、労働賃金は上がる傾向にあったし、金のある農民は放棄された耕作地を安く買った。こうしてイングランドの農民は力をつけ、領主に対しての地位を相対的に上げていった。彼らは、領主に反抗の一揆さえも試みるようになる。それが、次のワット＝タイラーの乱の原因にもなる。

ワット＝タイラーの乱

農民との交渉を余儀なくされたリチャード2世

1381年、イングランド東南部では、ワット＝タイラーの乱が起きる。ワット＝タイラーは一揆の指導者であり、彼に率いられた農民は一揆となって、ロンドンに進撃、一時はロンドンを占拠した。

ワット＝タイラーの乱は、この時代のヨーロッパに噴出した大型農民一揆のひとつである。すでにフランスではジャックリーの乱が起き、農民反乱のマグマがヨーロッパにあった。原因は、すでに述べたようにペストによる農村の変化、有力農民の台頭に加え、英仏百年戦争による疲弊《ひへい》があった。イングランドでは、ランカスター公主導のもと、戦争継続のため、人頭税が課せられることになった。税に対する反発が直接の引き金となり、乱が起きたのだ。

ワット＝タイラーに率いられた農民、市民らは国王・リチャード2世と直接交渉に及び、農奴制の廃止や地代の減額などを約束させた。これまで諸侯と対決してきたイングランド国王だが、農民、市民を相手にする時代になりはじめたのである。

ただ、ワット＝タイラーの乱は挫折する。ロンドン市長がワット＝タイラーを殺害すると、反乱側は求心力を失い、四散《しさん》する。国王側はワット＝タイラー側との約束をなし崩しにしていくが、農奴制はこのあと衰退していく。

ランカスター朝

ヘンリ4世、リチャード2世から王位を乗っ取る

ワット＝タイラーの乱に直面したリチャード2世は、狭義のプランタジネット朝の最後の王となる。彼はランカスター家のヘンリに取れ、廃位される。代わって、ランカスター家のヘンリがヘンリ4世として即位、ランカスター朝を開く。つまりは、百年戦争の半ばで、イングランドの王家は交代しているのだ。

リチャード2世が王位を追われたのは、専制政治を強めたからだ。リチャード2世は、ワット＝タイラーの乱を乗り越えたあと、過剰なまでに力を欲し、彼に忠実な取り巻きに囲まれた政治をおこなうようになった。さらに有力諸侯から、資産をむしろうとさえしは

じめた。ターゲットとなったのが、ランカスター公である。

ランカスター公となっていたのは、エドワード3世の子、つまりリチャード2世の叔父であるジョン・オブ・ゴーントである。彼はランカスター家の娘と結婚、莫大な資産をもつランカスター家の当主となっていた。その当主であるジョンが没したとき、彼の子ヘンリは決闘騒ぎの罪でパリに追放の身であった。

ヘンリはランカスター公の遺産相続のための帰国を申し出るが、リチャード2世はこれを拒否。それどころか、彼を永久追放にするとともに、ランカスター家の資産を自らのものにしてしまった。

これは、イングランド諸侯には脅威に映った。次に資産を奪われるのはわが家でないかと疑い、国王から次々と離反していく。リチャード2世がアイルランド遠征に出掛けたのは、ランカスター家のヘンリにとって打倒リチャード2世のチャンスであった。ヘンリがこの隙にイングランドに戻ると、ランカスター家をはじめ多くの諸侯が彼のもとに集まった。ヘンリらはリチャード2世を捕らえ、ロンドン塔に幽閉したうえで、廃位とした。

代わって、ヘンリがヘンリ4世として即位、ランカスター朝を開く。ただ、ヘンリ4世はエドワード3世の孫にあたり、当時としては王朝交代の意識は乏しかった。ランカスター朝の名は、バラ戦争におけるヨーク側との抗争もあって、のちにつけられたものだ。

ヘンリ5世

百年戦争でフランス乗っ取りを成功させた王の、早すぎた死

1413年、ランカスター朝の始祖ヘンリ4世は急死する。代わって、即位したのが、彼の子ヘンリ5世である。ヘンリ5世によって、小休止状態にあった英仏百年戦争は本格的に再開され、これが百年戦争の後半となる。

ヘンリ5世は、偉大な曽祖父エドワード3世が目標としたのと同じように、フランス王位を継承しようとし、曽祖父よりも大きな戦果を収めた。彼は、フランスの内紛に乗じて、ブルゴーニュ公国に与《くみ》するブルゴーニュ派と結託、アザンクールの戦いでフランスの重装騎兵を粉砕する。ここでも、イングランドの長弓が威力を発揮した。

ヘンリ5世はフランス軍相手に連戦連勝をつづけ、パリに迫った。ここでフランスが屈伏、1420年にトロワ条約を結ぶに至った。トロワ条約では、ヘンリ5世はフランス側に自らのフランス国王継承権を認めさせた。病弱のフランス国王・シャルル6世の摂政を自らが務め、シャルル6世死去ののち、自らか、彼の継承者がフランス国王となることも決めた。彼はシャルル6世の娘カトリーヌと結婚、ふたりの間には、フランス国王の座を約束されたも同然の男子が生まれた。

ヘンリ5世のフランス乗っ取りは大成功に終わるかに見えたが、1422年、彼は赤痢《せきり》にかかり急死する。34歳の若さである。

これにより、彼とカトリーヌの子がイングランド王ヘンリ6世として即位する。その数か月後、今度はフランス国王・シャルル6世が没する。トロワ条約により、ヘンリ6世はフランス国王・アンリ2世としても即位した。イングランド王が、形のうえではフランス国王にもなった瞬間であり、エドワード3世以来の野望が一応、達成された瞬間であったが、なお抵抗勢力があった。シャルル6世の王太子シャルル（のちのシャルル7世）がジャンヌ・ダルクの助けを借りて、踏みとどまったからだ。

ジャンヌ・ダルク

フランス救国の少女は、なぜ魔女として処刑されたのか?

百年戦争下、イングランドの英傑国王・ヘンリ5世が死去したのちも、イングランド軍の攻勢はつづく。当時、フランスは三分され、イングランドは北フランスを支配、フランス南部にはフランス王太子シャルルがあった。彼は、フランス国王継承権を否定されていたが、それでもフランス国王の地位を狙っていた。東部には、イングランドと結んだブル

百年戦争時のイギリスとフランス

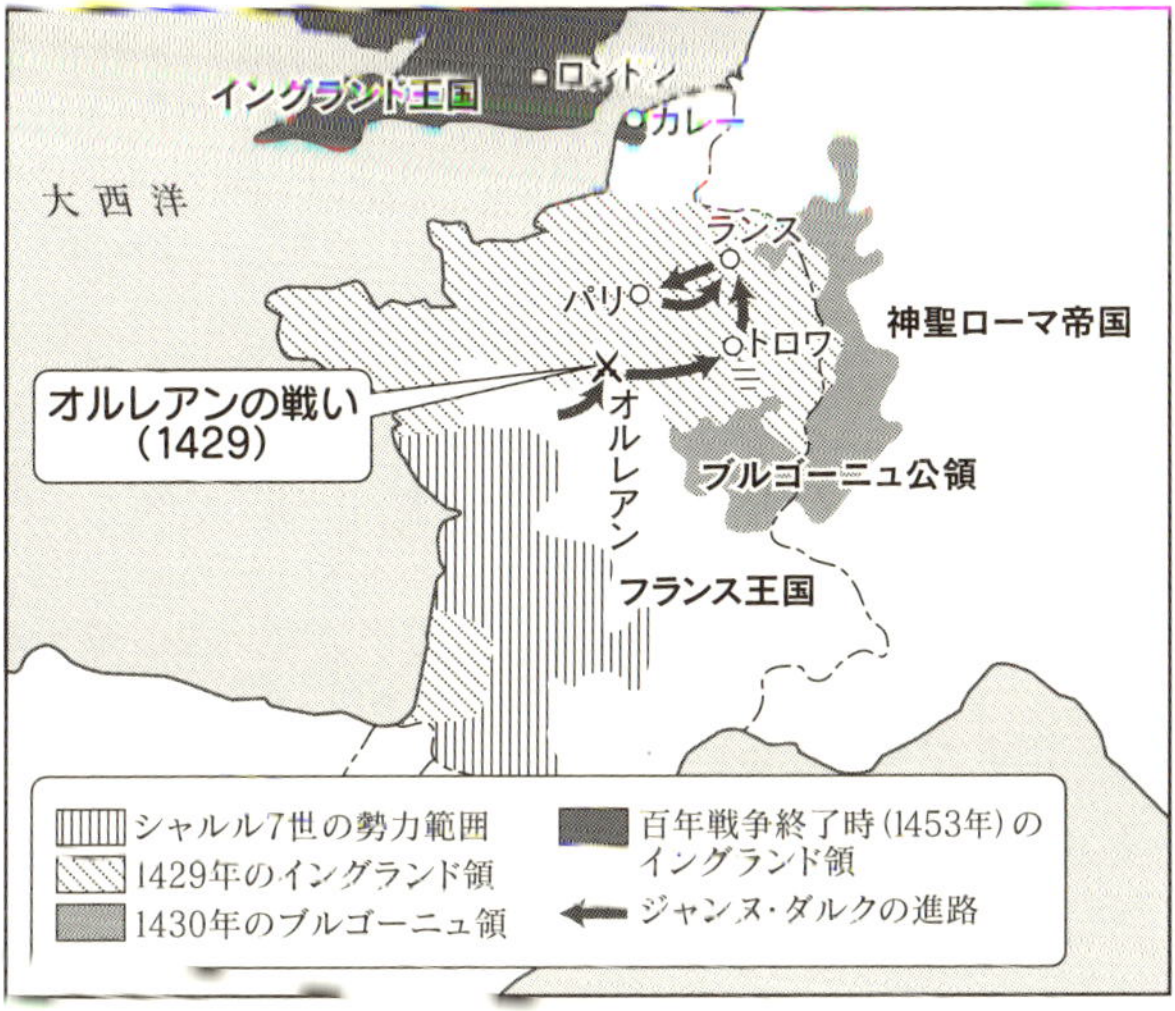

ゴーニュ公の勢力があった。

そんななか、イングランドは抵抗勢力である南部の切り取りにかかり、ロワール川中流にあるオルレアン包囲にかかっていた。オルレアンが落ちれば、イングランド軍の南部侵攻は加速する。そんななか、救国の少女ジャンヌ・ダルクが登場、状況は一変する。

ジャンヌ・ダルクはわずかの兵を率いて、オルレアンに入城、イングランド軍を退ける。以後、フランス軍は盛り返し、王太子シャルルはランスで戴冠式《たいかんしき》を挙行、フランス国王・シャルル7世として即位する。勢いに乗るシャルル7世はブルゴーニュ公と結び、イングランドとブルゴーニュの連携を絶った。シャルル7世は1437年にはパリを解放、1453年には、カレーを除く全フランスからイングランド軍を叩き出し、ここに百年戦争は終結した。

結局、イングランドはジャンヌ・ダルクの神がかり的な行動の前に勢いをそがれ、敗れていった。そのジャンヌを百年戦争の末期、ルーアンで処刑したのは、イングランドである。1430年、ジャンヌは当時、敵対していたブルゴーニュ公国軍に捕らえられ、イングランド側に引き渡される。イングランドは彼女を裁判にかけ、魔女と断定したのだ。

たしかに、彼女には魔女と断定されかねない言動があった。彼女は、シャルル7世のランスにおける戴冠を神からのお告げとして、預言している。この当時、神からの言葉、つまりは預言をおこなえるのは、ローマ教皇以外にないといっていい。低い身分の者が、神のお告げをしたとするなら、それは魔女である。彼女は預言者としてカリスマとなったが、預言者として振る舞ったため、処刑されたのだ。

百年戦争終結をもって、イングランドはフランス領地への未練を断ち、ブリテン島国家を強く意識したかというと、そうともいえない。百年戦争ののちも、イングランドの王には、フランス領への未練が残っていた。16世紀、チューダー朝のヘンリ8世の時代でも、フランス侵攻を試みているのだ。

イングランドにとって百年戦争は中途半端な終わり方であり、「負けた」とは思っていない。終盤に劣勢になったのは、国内の混乱があったからで、つづく内戦であるバラ戦争がなければ、英仏戦争はまだつづくはずであった。それくらい、イングランドはフランスに執着していたのだ。

ただ、百年戦争終結をもって、イングランド、フランス両国は別々の道を歩みはじめる。フランスは、ドイツとスペインの双方を統治するハプスブルク家との抗争に入り、イングランドは内戦を経て、新たな国家を築いていく時代に突入するのだ。

また、百年戦争のさなか、ウェールズではオウェン・グリンドゥルが蜂起し、イングランドの支配に抵抗した。彼は、一時はフランス軍からも支援を得て、勢力を拡大したが、最後はイングランドに敗れている。ウェールズ最後の抵抗であり、それから1世紀ののち、ウェールズはイングランドに正式に統合されることになる。

バラ戦争

百年戦争の中途半端な終結が、ヨーク朝の成立を生んだ

英仏百年戦争終結の2年後、1455年、イングランド国内ではバラ戦争が勃発する。イングランド史上最大の内戦は、およそ30年に及ぶ。この間、ランカスター朝が倒れ、ヨ

バラ戦争の関係系図

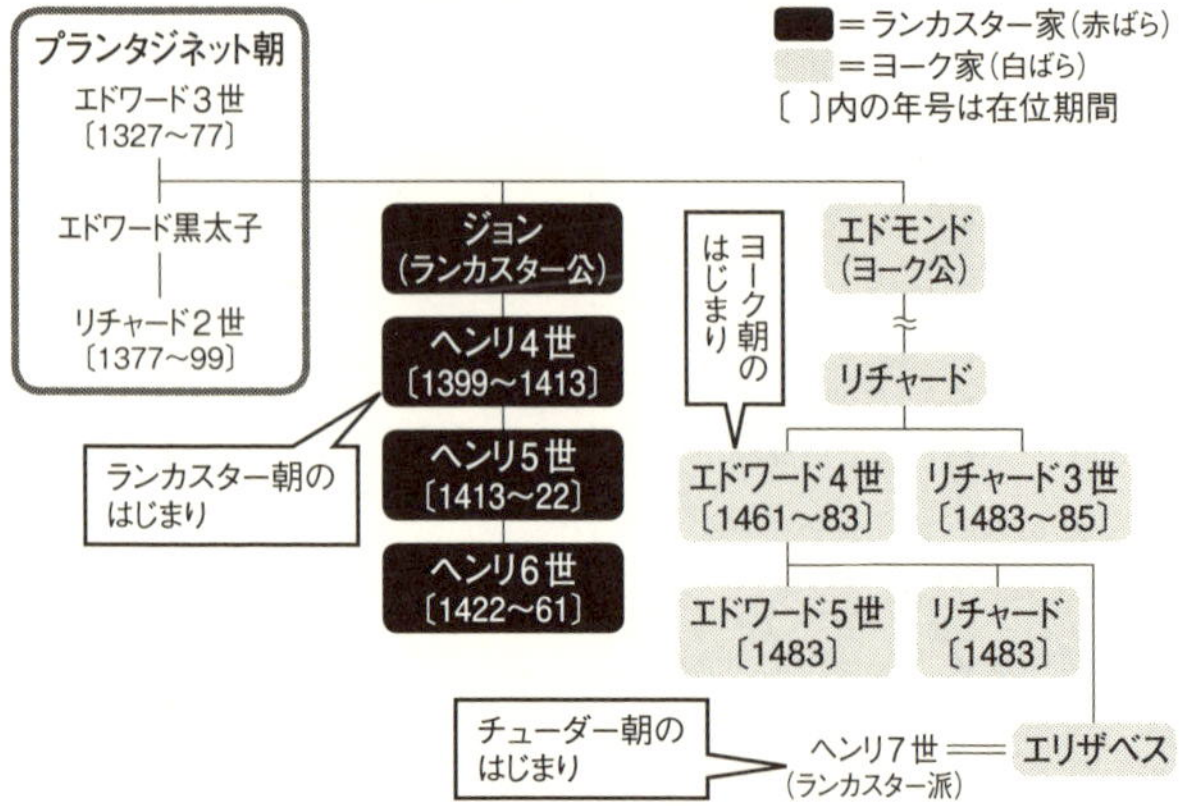

ーク朝が興る。そのヨーク朝も長続きせず、ヘンリ7世によって国内統一がなされ、チューダー朝が始動する。イングランド王の幽閉が相次ぎ、国王受難の時代であったが、それよりも受難だったのは、諸侯らである。イングランドでは内戦を通じて諸侯が疲弊、没落したため、新しい時代を招く結果となった。

　バラ戦争の名は、ランカスター家が赤バラ、ヨーク家が白バラを徽章《きしょう》としたことに由来するともいわれるが、当時、その名はない。19世紀、スコットランドの作家・ウォルター・スコットによる命名である。

　バラ戦争の原因のひとつは、ランカスター朝国王・ヘンリ6世の精神錯乱である。百年戦争の末期、イングランド国王であったのは、ヘンリ6世である。彼はフランス国王・アンリ2世としても即位した人物であり、形のうえでは英仏双方の君主となった。そんな恵まれた血筋にあった人物が精神を病み、国王としての仕事ができなくなったのだ。代わって、ヘンリ6世の后マーガレットが全権を掌握しようとするが、これを嫌ったのが、護国卿《ごこくきょう》に就任したヨーク公爵リチャードである。彼はプランタジネット朝のエドワード3世の曽孫《ひまご》にあたり、国王の座を狙える血筋にあった。

ランカスター朝のマーガレット王妃とヨーク公爵の対立は、国内の諸侯を巻き込み、ランカスター派対ヨーク派のバラ戦争がはじまる。戦いを制したのは、まずはヨーク派側で、リチャードの息子エドワードが、ヘンリ6世に代わってエドワード4世として即位する。その下位も長続きせず、ランカスター派の巻き返しがあり、ヘンリ6世が復位する。

エドワード4世はこれに屈せず、ふたたびランカスター側に勝利、ヘンリ6世をロンドン塔に幽閉、死に追いやっている。ヘンリ6世はフランス国王として即位したことがあったにもかかわらず、フランス史では僭王《せんおう》として歴代国王として認められていない。イングランドでは、無残な死を遂げ、悲劇の王ともいえる。

こうしてヨーク朝が始動したが、エドワード4世は王妃エリザベスを寵愛《ちょうあい》しすぎた。エリザベスの一族が宮廷を支配するようになると、エドワード4世の弟であるグロスター公爵・リチャードは不満を抱くようになっていた。

１４８３年、エドワード４世が没すると、その子エドワードが12歳でエドワード5世として即位する。このときを待っていたグロスター公爵・リチャードは、少年王・エドワード5世と彼の弟、つまり、彼の甥らをロンドン塔に幽閉、代わって自らがリチャード３世として即位した。彼は、エリザベスの一族を排除、邪魔者を消すことで権力基盤を確立させようとした。

だが、リチャード3世の時代でも、内乱を終わらせることができなかった。内乱を終結させたのは、ウェールズ人の血をひくヘンリ・チューダーとなる。

ヘンリ7世

なぜ、ウェールズ人が彼を支持したのか？

バラ戦争末期、新たな挑戦者として浮上したのは、リッチモンド伯ヘンリ・チューダーである。彼はランカスター朝の始祖・ヘンリ4世の父ジョン・オブ・ゴーントの血を母方系から引いてはいるものの、傍流《ぼうりゅう》にすぎない。そんな傍流の人物が浮上できたのは、バラ戦争の殺し合いのなか、ランカスター系の有力者が多く死亡してしまっていたからだ。

ヘンリは、ランカスター系ながら、ヨーク派からの支持獲得に動く。彼は打倒リチャード3世に動くまえ、ヨーク朝の始祖エドワード4世の娘エリザベスと婚約、ランカスター家の血とヨーク家の血を合同させることに成功した。

もうひとつ、ヘンリには大きな支持勢力があった。ヘンリ・チューダーの出自にはあやふやな点もあるが、チューダー家はウェールズの名族であったとされる。ヘンリは、ランカスターの血筋とともに、このウェールズの血筋をうまく利用した。ウェールズはイングランドに併《へ》呑《どん》同然とはいえ、ウェールズ人にはプライドがある。ウェールズの系統にある者が新たにイングランド王になるなら、ウェールズ人の誇りは回復もできる。ヘンリは自らがウェールズの出自にあることを訴え、ウェールズ人の協力を得ていた。

1485年、ヘンリ・チューダーの軍とリチャード3世の軍はボズワースで戦い、ヘンリの軍が勝利、リチャード3世は殺害される。戦いを決したのは、リチャード3世側勢力の裏切りであったが、ウェールズの戦士の協力も大きい。ヘンリ・チューダーは軍旗として、ウェールズのシンボルである赤い龍の旗を掲げ、この戦いがいかなるものであるかをウェールズ人に訴えていたのだ。

勝利したヘンリは、ヘンリ7世として即位、チューダー朝がはじまる。ヘンリ7世と王妃エリザベスの間に生まれた長子は、ランカスター家とヨーク家の血をひく者である。これにより、長く争いをつづけていたランカスター派とヨーク派をまとめることができた。その期待の長子に、ヘンリ7世はアーサーの名を与えている。

アーサーの名は、ウェールズ人にとっては心を震わせるものである。アングロ=サクソン人の侵攻によってウェールズへと追われた彼らにとって、アーサー王こそは抵抗の象徴だった。そのアーサーの名がつく皇子が誕生、次期イングランド国王として期待されたのだから、ヘンリ7世の命名はウェールズ人を昂《たかぶ》らせた。ただ、アーサーは病死したため、イングランド国王となることはなかったが。

イギリス文化の疑問に答える2

イギリス王室の象徴「運命の石」の行き着いた先とは？

イギリスでは、国王はロンドンのウェストミンスター寺院で即位、戴冠《たいかん》する。国王は戴冠用の玉座《ぎょくざ》に座るのだが、その玉座の下には長く「運命の石」が組み込まれていた。運命の石は国王の象徴のようなもので、エリザベス2世も即位のとき、この石の玉座に座っている。

運命の石は、イギリスの歴史を物語ってもいる。「運命の石」は、もともとはロンドンにあったものではなく、長くスコットランドにあった。運命の石は、かつては「スクーンの石」と呼ばれ、スコットランドの古い王家・ダルリアダ王家によってスコットランドにとどめられるようになったとされる。

それ以前の時代、聖書でユダヤ人の祖と伝えられるヤコブがこれを枕代わりとして使い、エジプト、シチリア、スペイン、アイルランドを経て、石はスコットランドに渡ったという伝説がある。スコットランドでは、キリスト教の伝道者・聖パトリックが、ダルリアダ王家の子孫は、この石の置かれている土地を支配するだろうと預言した。以後、石はスコットランドのスクーン城内に置かれ、そこから「スクーンの石」と呼ばれるようになった。こうしてスクーンの石は、スコットランドの王位継承の儀式に欠かせないものとなったのだ。

だが、スコットランドが自壊していく13世紀末、ジョン・ベイリャル王の時代、スコットランドはイングランド王エドワード1世の侵攻を受ける。エドワード1世はスコットランドを征服、スクーンの石をロンドンに持ち去った。以後、石はイングランド王の即位の儀式のためのものとなったのだ。

17世紀初頭、スコットランド国王・ジェームズ6世がイングランド国王・ジェームズ1世として即位してのち、イングランドとスコットランドは同君連合となる。今度は、スクーンの石は、イギリス王即位の儀式に欠かせないものとなった。

スクーンの石が運命の石と呼ばれるようになったのは19世紀ごろからだが、いま、運命の石はロンドンにない。1996年、メイジャー首相の時代に、運命の石はスコットランドに返還されている。これは、イギリス政府のスコットランド懐柔政策によるものであろう。以後、運命の石はエディンバラ城のクラウンルームに安置され、次なる国王即位の日を待ちつづけている。

3章

ヘンリ7世からエリザベス1世の活躍まで

絶対王政下で始まった強国化と世界進出

本章で扱う時代のおもな出来事

テューダー朝

1509 ヘンリ8世即位
ヘンリ8世がキャサリンと結婚
1533 ヘンリ8世、キャサリンとの結婚を無効とする
1534 国王至上法（首長法）を発布
イギリス国教会が成立
1542 スコットランドでメアリ・スチュアート即位
1547 エドワード6世即位
1553 メアリ1世即位
1554 メアリ1世がスペイン皇太子フェリペと結婚
1558 エリザベス1世即位
1559 統一法
1567 スコットランド女王のメアリ・スチュアート廃位
1568 メアリがイングランドへ亡命する
1577 ドレークの世界周航（～80）
1587 メアリ・スチュアートの処刑
1588 アルマダの海戦
スペインの無敵艦隊がイギリスに敗れる
1600 東インド会社設立

チューダー朝

停滞・衰弱したイングランドの巻き返しがはじまった

ヘンリ7世によってはじまるチューダー朝の時代は、イングランドがヨーロッパ世界で巻き返しをはじめた時代でもある。チューダー朝成立以前、ランカスター朝、ヨーク朝時代、イングランドは停滞・衰退していた。たしかに百年戦争でフランスをたびたび撃破するほどの軍事力はあったが、バラ戦争の内戦下、政治力、経済力、文化力は進展したとはいえなかった。

イングランドが百年戦争、バラ戦争に没頭している時代、ヨーロッパでは新たなる時代への大変動がつづいていた。イタリア半島ではルネサンスが花を咲かせていた。華麗なるイタリア・ルネサンスと、イングランドは無縁であった。

バラ戦争の時代の１４７９年、イベリア半島ではアラゴンとカスティィリャの両国が合体、新たな強国スペインが誕生する。チューダー朝が成立してまもない１４９２年、スペインの支援するコロンブスは、アメリカ新大陸への道を切り開いていた。

イングランドとの長い戦いを終えたフランスでは、国王が王権を強化、１４９４年には国王シャルル８世がイタリア半島に侵攻をはじめる。これにより、ハプスブルク家とフランス国王によるイタリア争奪戦もはじまり、ヨーロッパは新たなステージを迎えようとしていた。イングランドは、ヨーロッパ強国から見向きもされない国になっていた。

そんななか、ヘンリ7世の時代から、イングランドの巻き返しがはじまる。幸いなことに、イングランドが伸びていく余地は十分にあった。バラ戦争という内戦によって、諸侯は衰退、国王に楯突く者はそういなくなっていた。チューダー朝の国王たちは王権を強化することができ、イングランドにおける絶対王政の時代がはじまる。

また、バラ戦争によって諸侯は衰亡したものの、市民、農民は健在であった。富農、有力商人らは「ジェントリ」と呼ばれ、新たな勢力となる。ヘンリ7世はジェントリを重用し、ジェントリが社会の活力となった。ジェントリと貴族は、「ジェントルマン」と呼ばれるようになった。

イングランドの議会も、貴族とジェントリを両輪とした。貴族は貴族院（上院）、ジェントリは庶民院（下院）を構成するようになったのだ。

また、ヘンリ7世は外交にも腐心《ふしん》した。当時、彼が注目したのは、新興国スペインであった。彼は、フランスに対抗する意味でも、スペインとの提携を目指し、スペイン王家の娘カタリーナ（キャサリン）を、皇太子アーサーの妻に迎え入れている。アーサーの病死ののちは、彼女を次男ヘンリの妻としている。ふつうは寡婦《かふ》となったかぎり、母国に帰るのだが、ヘンリ7世はそうはさせず、彼女をイングランドにとどめた。それほどに、スペインを重視していたのだが、この結婚がのちにイングランドで大騒動を引き起こすとは、誰も予想できない。

スコットランド・スチュアート朝
後のイギリスの運命を決めた、ヘンリ7世のスコットランド対策

チューダー朝の始祖ヘンリ7世は、スコットランドとの関係についても修復を試みている。彼の娘マーガレットをジェームズ4世に嫁がせているのだ。

当時、スコットランドは、スチュアート王家の時代にある。スチュアート王家の時代になっても、イングランドとスコットランドの関係はぎくしゃくしたものであった。イングランドはスコットランドに優勢であり、スチュアート王家のジェームズ1世は少年時にイングランドに捕らえられ、人質となった時代もある。だからといって、スコットランドはイングランドに完全に屈することもなかった。

劣勢のスコットランドがイングランドに対抗できたのは、フランスの支援を期待できたからだ。百年戦争で、イングランドの攻勢に苦しんだフランスは、スコットランドを対イ

ングランドの牽制《けんせい》に活用してきた。スコットランドがイングランドの背後を衝《つ》くなら、イングランドはフランスとの戦争どころではなくなる。実際にスコットランドにはそこまで大胆な攻撃はできなかったが、イングランドにすれば、スコットランドとフランスの提携は脅威であった。

その脅威を絶つべく、ヘンリ7世は娘マーガレットをスコットランド王・ジェームズ4世に嫁がせたのである。ジェームズ4世は、スコットランドの内政を充実させ、ルネサンス的な文化を奨励した人物だ。

ただ、親戚になったからといって、敵対関係は容易には消えるものではないし、スコットランドにとってフランスは最後の頼みの綱となる。フランスがヨーロッパ内で孤立した16世紀初頭、フランス国王ルイ12世は、唯一の味方となっていたスコットランドに軍事支援を要請している。ジェームズ4世はこれに応えて、フランスの敵となっているイングランドに軍事攻勢を仕掛けている。

当時、イングランドではヘンリ7世が死去、ジェームズ4世の義弟に当たるヘンリ8世の統治時代であった。スコットランド軍がイングランド軍に一大攻勢を仕掛けたフロドゥンの戦いでは、スコットランド軍は大敗、ジェームズ4世は戦死している。

代わって即位したのが、ジェームズ4世とマーガレット夫妻の子・ジェームズ5世である。ジェームズ5世もイングランド軍と戦って大敗、その直後に死没し、次に即位したのは彼の娘メアリである。つまりは、ヘンリ7世の曽孫がスコットランドの女王となったのだ。メアリはこののち、フランス王妃となり、さらにはエリザベス1世の後継者候補として陰謀家の旗頭にされたりと、数奇な生涯を送る。

彼女の子であるスコットランド国王・ジェームズ6世は、イングランド王にもなる。チューダー朝でエリザベス1世が死去し、血統が途絶えたとき、ジェームズ6世はイングランド王・ジェームズ1世として迎え入れられる。ここにイングランドとスコットランドの同君連合が成立、その意味で、この婚姻は、イギリス史のなかで運命的であったのだ。

ヘンリ8世

奔放な生き様でローマ教皇と決別した絶対君主

ヘンリ7世死没ののち、チューダー朝の新たな王となったのは、ヘンリ7世の子・ヘンリ8世である。ヘンリ8世は、ローマ教皇に逆らい、イングランド国教会を設立、イングランドをイングランドたらしめた国王である。

そんな破天荒《はてんこう》なふるまいができたのは、彼がイングランドで絶対君主となっていたからだ。すでにチューダー朝の始祖である父・ヘンリ7世は、貴族の力をそぎ、チューダー朝を安定に導いているから、彼は絶対君主として好きに政治ができた。彼はルネサンスの精神を受け継ぎ、豪胆《ごうたん》にして、独立の気性が強かった。それがイギリス国教会の設立に向かわせているともいえるが、もうひとつの理由は彼の女好きにあった。

ヘンリ8世は6回も結婚した人物である。その結婚がイングランド史を変え、さらには彼の没後にイングランドが混乱する遠因になる。そこで、イギリス国教会の設立を語るまえに、彼の結婚について紹介しよう。

ヘンリ8世の最初の結婚は、スペイン王家の娘キャサリンとであった。キャサリンは、もともとヘンリ8世の兄・アーサーのもとに嫁いだのだが、アーサーは急死。代わって、弟のヘンリが妻としたのだ。ふたりの間に、メアリ（のちのメアリ1世）が生まれている。

ヘンリ8世とキャサリンの間には、子どもは生まれたものの、男子は誕生しなかった。男子がいないこともあって、ヘンリ8世は愛人をつくりはじめ、そのひとりがキャサリンの侍女アン・ブーリンであった。映画『1000日のアン』でも知られるアンは、イングランド商人の娘であり、姉がヘンリ8世の愛人になったことをひとつの契機に、イングランド宮廷に出入りするようになり、キャサリン王妃の侍女《じじょ》となった。

アンは美女ではなかったようだが、男心をつかまえるのがうまかった。そのため、ヘンリ8世は彼女に心を奪われ、彼女を妊娠させる。妊娠が確実となったとき、ふたりには、わが子を確実に皇太子にしたいという気持ちが強くなったようだが、この当時、結婚まえに生まれた、いまでいう「おめでた婚」による子は、正嫡《せいちゃく》とは認められなかった。あるいは、アンに王妃になりたいという野望が芽生えたのかもしれない。アンに動かされたのか、ヘンリ8世はキャサリンとの離婚を進めようとする。

だが、当時、ローマ教会の承認なしには離婚は成立しない。ローマ教会は、ヘンリ8世とキャサリン王妃の離婚を認めなかった。ここからイギリス国教会の設立がはじまるのだが、それは後述するとして、アン・ブーリンの話に戻る。ヘンリ8世はキャサリンと強引に離婚、アンと結婚する。ローマ教会と対立してまでの結婚のすえ、ふたりの間に生まれたのは、これまた女子であった。のちのエリザベス1世である。

これにヘンリ8世は失望、今度はジェーン・シーモアを愛人とする。彼女は、アン・ブーリンの侍女でもあった。そのジェーンとの結婚のためには、アンと離婚しなければならないが、アンが納得するはずもない。ふたりの女性の間で揺れたヘンリ8世は、密通をでっちあげて、アンを処刑してしまったのだ。このあと、ジェーンとの間に待望の男子が誕生、のちのエドワード6世だ。

だが、出産後すぐにジェーンは死亡したため、ヘンリ8世は新たな相手を探す。彼の4度目の妻となったのは、ドイツ貴族の娘アン・オブ・グレーヴスである。これは、ヘンリ8世の政略結婚であったこと、また彼が当初見た肖像画と違うことから、すぐに離縁となった。

5度目の結婚相手は、キャサリン・ハワードである。彼女はアン・オブ・グレーヴスの侍女であり、処刑されたアン・ブーリンの従妹であった。彼女は、過去の男性関係を疑われ、ヘンリ8世に処刑されている。

6度目の結婚相手は、キャサリン・パーだ。彼女は夫と二度も死別していたが、ヘンリ8世はそこにはこだわらなかった。彼女はヘンリ8世によく仕えたうえ、ヘンリ8世のふたりの娘、メアリとエリザベスを教育し、ふたりに王位継承の道を開いたのだ。

イングランド国教会の設立

教義はさほど変わらなかった、イングランド版宗教改革

1534年、イングランドでは、国王至上法が発布された。これにより、イングランド国教会が成立、その首長にはイングランド国王がなることが定められ、ヘンリ8世はイン

グランド国教会の首長となった。それは、ローマ教会との絶縁でもあった。すでに、ローマ教会はヘンリ8世を破門していたが、ヘンリ8世はこれに屈することなく、イングランドに独自のシステムを導入したのである。

ヘンリ8世がイングランド国教会を成立させた直接の動機は、最初の妻キャサリンとの離婚をローマ教会が認めなかったことにある。彼は、アン・ブーリンと結婚したかった。そのための強硬突破策として、ローマ教会とはまったく関係のない、独自のイングランド国教会の設立となったのだ。

イングランド国教会の成立は、イングランド版宗教改革でもあれば、国王のローマ教皇への対抗・反逆のイングランド版である。これに先立つ1517年、ドイツではマルチン・ルターの宗教改革が始動、カトリックとはべつにプロテスタントを誕生させていた。イングランドでも、その流れがあり、これがイングランド国教会の成立となった。イングランド国教会の教義はカトリックと大した差はないものの、カトリックと対立するものとして存在し、これが17世紀の内戦と革命の原因になっている。

また、ローマ教会に対する国王の対抗・反逆は、すでに中世からはじまっていた。中世、ローマ教会の全盛期、ヨーロッパ大陸の国王、とくにフランスとドイツの国王はローマ教

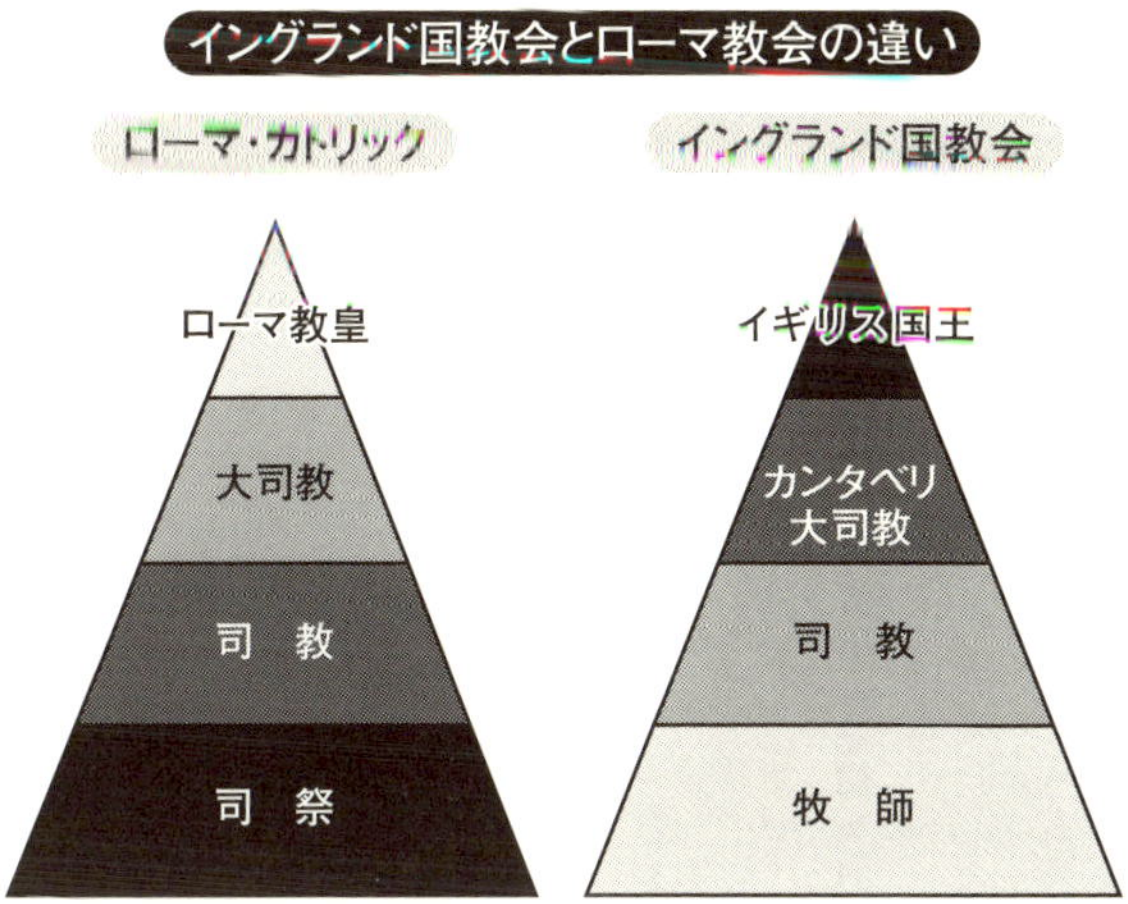

皇と争った。国内の聖職者を任命するのは、いったいその国の国王なのか、ローマ教会なのかで争い、ドイツ国王はカノッサでローマ教皇に屈した（1077年）。一方、フランス国王は荒技を使った。フランス国王・フィリップ4世は意のままにならないローマ教皇・ボニファティウス8世を拉《ら》致《ち》・暴行しようとした（1303年）。つづいてフランス国王は、教皇庁を自国のアヴィニヨンに移し、およそ70年間、監視下に置いた。その間、フランス国王はローマ教皇を思いどおりに扱うことができた。

イングランドでは、ランカスター朝の傑物王・ヘンリ5世が、イングランドの教会の首長となるべきと考えていた。だが、国内の反発もあったし、ヘンリ5世もローマ教皇との対決は避けたかった。イングランドは、ローマからは遠く、フランス国王のようにローマ教皇の拉致《らち》はむずかしい。そこで、ヘンリ8世は、イングランドがローマから遠いのを逆手にとるように、イングランド国教会を成立させたのだ。これにより、イングランドはローマ教会から離れ、独自の歴史を歩みはじめたのだ。

ただ、イングランド国教会の教義がカトリックとあまり差のない現実は、宗教改革を志向する一派からは物足りなかった。彼らはやがて過激な改革を望むようになり、「ピューリタン（清教徒）」と呼ばれるようになったのだ。

また、ヘンリ8世の時代、1536年、イングランドは正式にウェールズを併合している。ウェールズは長くイングランドに抵抗してきたが、もはや抵抗する力も失せ、比較的円満な併合となっている。

カール5世

ヘンリ8世の離婚を阻んだ最強の黒幕

イングランドに独自の道を開いたイングランド国教会の成立は、じつはヘンリ8世とイングランドの限界を示すものでもある。たしかに、ヘンリ8世は突破力のある傑出した王であったかもしれない。けれども、ヘンリ8世とイングランドの力には限界があった。だからこそ、ローマ教会は、ヘンリ8世の離婚を受けつけなかったのだ。

じつのところ、ローマ教会にはヘンリ8世よりも忖度《そんたく》しなければならない大物がいた。スペイン国王にして、神聖ローマ帝国皇帝であるハプスブルク家のカール5世である。彼の力はヨーロッパ随一であり、ヘンリ8世が離婚したかったキャサリンからすれば、カール5世は甥に当たる。カール5世は、叔母が離婚を望んでいないのを知っていた。彼はローマ教皇に圧力をかけ、ヘンリ8世の離婚問題に待ったをかけたのだ。

ローマ教皇とて、ヨーロッパ随一の男を敵に回したくない。しかも、ローマはカール5世に占領されてもいた。もしかりに、19世紀のイギリス政府がローマ教会に圧力をかけたなら、ローマ教会も承諾せざるをえなかっただろうが、当時のヘンリ8世とイングランドにはそんな力はない。ローマ教会は、ヘンリ8世の意向よりもカール5世の力を重視し、ヘンリ8世の離婚を認めなかったのだ。

この現実が示すように、ヘンリ8世の時代のイングランドはまだ未熟であった。ヨーロッパ大陸では、フランス対スペイン・ドイツ連合の戦いが繰り広げられ、イングランドの存在は小さかった。結局、ヘンリ8世はその野望とは裏腹に、ヨーロッパの覇権争いに参加できなかった。これが、当時のイングランドの限界であったのだ。

スコットランドの宗教改革

スコットランドで親イングランド派が増えた理由とは

イングランドで国教会が成立していった時代、スコットランドでも宗教改革が進行しようとしていた。スコットランドにおける宗教改革は、イングランドでの様相とは異なり、カトリックの腐敗に対する反発からはじまっている。スコットランドでは、カルヴァン派のプロテスタントが増えはじめ、カトリック教会はプロテスタントを弾圧した。

スコットランドにおけるカトリック対プロテスタントの対立は、やがて内乱となる。両派は、ともに外国勢力を味方に引き入れた。カトリックはカトリック大国フランスに支援を仰ぎ、プロテスタントはイングランド国教会を成立させたイングランドに支援を求めた。

1560年、イングランド海軍がフランス海軍を打ち破ると、スコットランドのカトリックは劣勢となる。スコットランドの議会はローマ教皇の権威を否定、スコットランドのプロテスタント化が確立しはじめたのだ。

スコットランドのプロテスタント化は、スコットランドとイングランドの関係を変えるものでもあった。スコットランドは長くイングランドと対決姿勢にあり、イングランドに抵抗してきた。そこには民族的な反感もあったろうが、スコットランドにプロテスタントが増えていくと、反カトリックという点で、スコットランドとイングランドは一致する。スコットランドでは長く親フランス派が主流だったが、代わって親イングランド派が台頭してくる。ここから、スコットランドとイングランドの合邦の素地が生まれていく。

ブラッディ・メアリ
かろうじて回避されたイングランドのスペイン化

1547年、ヘンリ8世が没すると、その子エドワード6世が即位する。彼はプロテスタントであり、彼の時代にイングランド国教会のプロテスタント化が進む。

だが、エドワード6世の生涯は短く、16歳の若さで死去してしまった。ここで、本来なら、彼の姉メアリが即位するところだが、そうはならず、ジェーン・グレイが即位する。ジェーン・グレイはヘンリ7世の曽孫だが、王位継承者としての順位は低い。にもかかわらず、彼が即位したのは、エドワード6世の生前の指名があったからだ。

メアリをあえて避けたのは、彼女が熱心なカトリック支持者だったからだ。彼女の母キャサリンは、カトリックの大国スペインの出身であり、その子メアリは母の影響を受けてカトリックとなっていた。

一方、ヘンリ8世がイングランド国教会を成立させて以来、イングランドにはプロテス

16世紀なかごろの新旧両派の分布

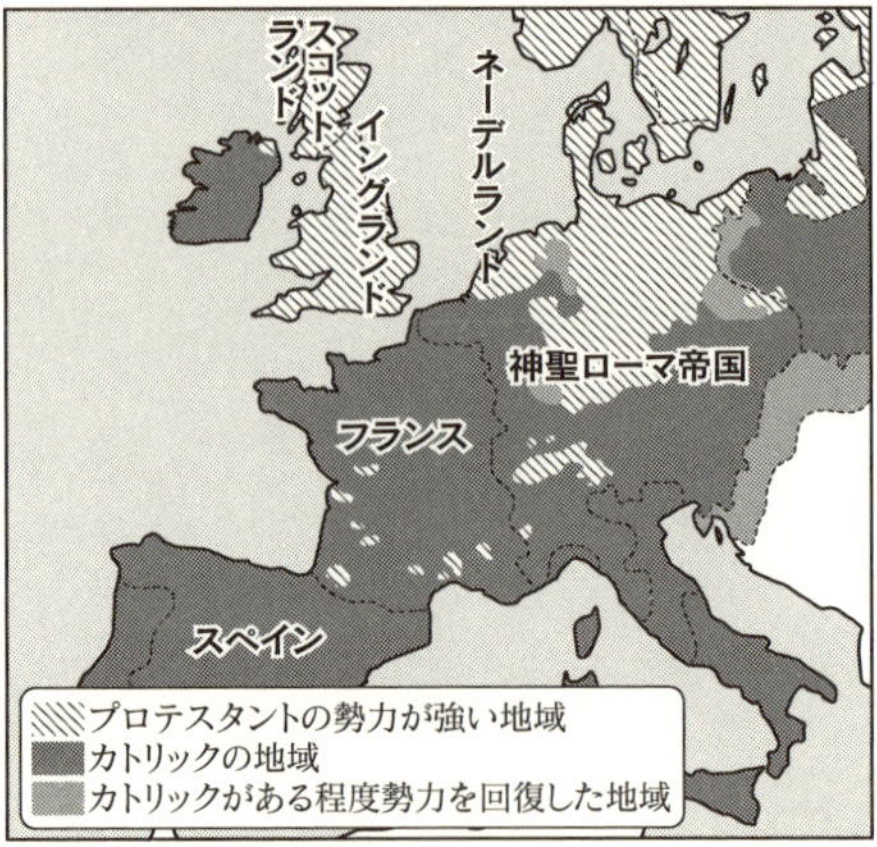

タントが増えていた。つづくエドワード6世もプロテスタントを支援していて、イングランドはかなりプロテスタント化していた。そこにカトリックのメアリが即位するなら、プロテスタントは弾圧されかねない。そこからジェーン・グレイが擁立されたのだが、王位継承権では上にあるメアリは、これをゆるさなかった。メアリはノーフォークで即位を宣言、国政の重要機関である枢密院《すうみついん》もメアリを支持したから、ジェーンは10日で王位を追われ、メアリがメアリ1世として新たなイングランド王となったのだ。

メアリ1世の治世はおよそ5年で終わるが、後世、すこぶる評判が悪い。つけられたあだ名が「ブラッディ・メアリ（血まみれのメアリ）」だ。現在はカクテルの名にもなっているこんなあだ名がつけられたのは、彼女が懸念されたとおり、プロテスタントを弾圧したたからだ。彼女は、カトリックへの改宗を拒んだプロテスタントを次々と処刑したから、プロテスタント側からは忌《い》み嫌われたのだ。

さらにメアリは、プロテスタントにとっては悪夢としかいいようがない婚姻を選択する。彼女は、スペインの皇太子フェリペ（のちのフェリペ2世）との結婚を選んだのだ。

そこには、イングランドの再カトリック化をより推し進める意図があったと思われる。メアリ1世が結婚しなかった場合、後継者は妹のエリザベスとなるが、エリザベスはメアリ1世の嫌うプロテスタントであった。

しかも、エリザベスの母アン・ブーリンには、メアリ1世の母キャサリンからヘンリ8世の后の座を奪い取った経緯がある。メアリ1世は、エリザベスを好まなかったようだ。エリザベスを後継者にしたくないメアリ1世は結婚によって、後継者を得ようとした。その相手が、フェリペであったのだ。

フェリペは、カール5世の子であり、当時、ヨーロッパ随一の大国スペインの後継者である。スペインはカトリックの牙城《がじょう》であったから、フェリペとメアリ1世との間に子が生まれるなら、やがてカトリック王として即位するだろう。後継王は、イングランドのプロテスタントを弾圧する。さらに、イングランドのスペイン化もありうる。

実際、メアリ1世がフェリペと結婚したため、イングランドはスペインの戦争に巻き込まれる。フェリペの要請を受けて、イングランドはフランスに兵を送り込むが、敗北、大陸最後の拠点カレーを失っている。

結局、メアリ1世とフェリペの間に子ができないうちに、彼女は没する。これにより、イングランドのスペイン化が阻止され、プロテスタント弾圧に歯止めがかかったのだ。

エリザベス1世

イングランドを浮上させた、宗教と経済の事情

1558年、メアリ1世が没すると、代わって彼女の異母妹エリザベスが即位する。エリザベス1世の半世紀近い治世、イングランドはヨーロッパの勢力争いのなかで浮上していく。のちのイングランドの海外進出のとば口も、エリザベス1世の時代につけられた。

エリザベス1世の時代に、イングランドが浮上できたのは、彼女が国内の不安を解消したからでもある。まずは、宗教対立問題である。メアリ1世の時代、プロテスタントは弾圧され、カトリックとプロテスタントの対立は深刻化したが、エリザベス1世は中道路線をとり、両者の共存を図った。彼女は、統一法を発布し、国王をイングランド国教会の「首長」ではなく「統治者」とした。これにより、イングランド国教会は世俗色を帯び、特定宗教の「色」を薄めた。さらに、礼拝にカトリック色を強め、カトリック信徒にイングラ

ンド国教会を受け入れやすいものにした。

また、経済面ではトマス＝グレシャムを登用し、貨幣の改鋳《かいちゅう》をおこなわせている。グレシャムは「悪貨は良貨を駆逐する」という言葉で知られる人物だ。この貨幣改鋳によって、通貨は安定に向かった。

また、人口増の後押しも大きい。イングランドの人口は1571年に330万人であったが、エリザベス1世の治世末期の1603年には415万人となっている。人口増大は消費を喚起《かんき》、新たな職業を生み、都市化をもたらした。失業者が増大し、物価も上昇したが、インフレは経済成長も意味する。エリザベス1世のイングランドは、人口増というボーナスもあって、経済力をつけ、浮上できたのである。

カリブの海賊

海上通商国家として出遅れたイングランドの非道な国策

エリザベス1世の時代のイングランドは、ある意味で無法国家だった。というのも、エリザベス1世が海賊を容認し、彼らに他国船、とりわけスペイン船を襲わせていたからだ。エリザベス1世は海賊に出資までしたから、今日の視点では「テロ国家」のようなものであった。

カリブの海賊とドレークの進路

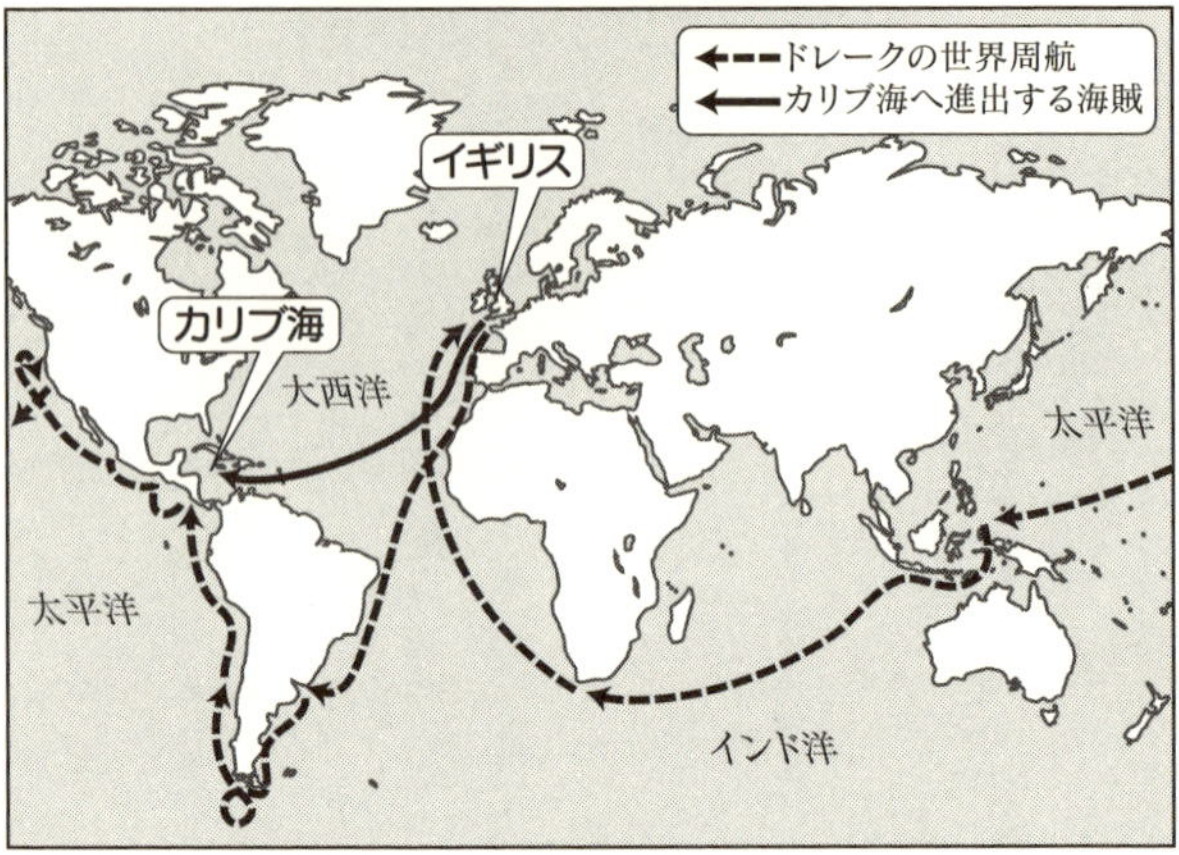

それは、弱者の戦略ともいえた。チューダー朝のイングランドは、大航海時代にまったく出遅れていた。15世紀末以後、スペイン、ポルトガルは海洋に進出し、世界から富を集め、海洋帝国化していた。とりわけ、スペインは新大陸を勢力圏に組み込み、南米のボトシ銀山から採掘される銀はスペインの栄光を支えていた。イングランドはといえば、大きく出遅れていた。イングランドは、スペインの勢力下にある新大陸にはなかなか入れない。ようやく1600年になって、新興国のオランダと歩調を合わせるかのように、エリザベス1世は東インド会社を認可、アジア進出に動き出していた。

オランダ船リーフデ号の日本漂着は、そうした流れで生まれている。漂着したイングランド人水先案内人であったウィリアム・アダムズ（三浦按針《あんじん》）は、江戸幕府の外交・貿易顧問にもなっている。

それはともかく、出遅れたイングランドが手っとり早く海外の富を得ようとすれば、掠《かす》め取るしかなかった。それは、イングランド独自の発想ではなく、すでにこれまた海外進出に出遅れたフランスが手を染めていた。イングランドもメアリ1世の時代には、おもにポルトガル船を襲っていた。

それが、エリザベス1世の時代に本格化、スペイン船を襲うようになったのだ。とくに、南米大陸の銀は狙い目であった。スペイン船はカリブ海を航行し、本国へ銀を持ち帰る。イングランドの海賊船は、カリブ海で待ち構え、スペイン船を襲撃、新大陸の富をかっさらった。

スペイン船襲撃は、イングランドの国策にもかなっていた。スペインがカトリックの牙《が》城《じょう》であるかぎり、スペインはイングランドを敵視してくる。大国スペインが本気でイングランドを潰そうとしたとき、イングランドの劣勢は免れない。スペインの力を弱めるためにも、スペイン船を襲撃し、スペインの富を自らに移し変える必要があったのだ。

国家公認の海賊船は、「私掠船《しりようせん》（プライベーティア）」と呼ばれる。イングランドでは、この私掠船を育てるために、エリザベス1世が出資するほどになったのだ。

エリザベス1世の時代、イングランドからはフランシス・ドレーク、ジョン・ホーキンスら有名な海賊が現れる。彼らはイングランドでは「探検家」「商人」と名乗っていたが、国際的には海賊以外の何物でもなかった。ドレークに至っては、太平洋でも海賊行為を働いている。

また、イングランドから多くの私掠船が出たことは、イングランドの海上戦闘能力を高めることにもなった。イングランドが世界に進出をはじめたとき、その海上戦闘能力はこれを後押しし、さらにはイギリスを世界最強の海軍国家にもしたのである。

アルマダ撃破

「無敵艦隊」の名に込められたイングランドの思惑

エリザベス1世の栄光を語るときに欠かせないのが、スペインの「無敵艦隊（アルマダ）」撃破である。1588年、イングランド艦隊は、無敵といわれたスペイン艦隊をドーバー海峡で打ち破り、イングランドの名はヨーロッパに轟いた。

アルマダ撃破の海戦は、イングランドとスペインの対立によるものだ。スペインのフェリペ2世はイングランドの征服までも構想、無敵艦隊を動員したのだが、その野望は挫《くじ》か

アルマダの海戦

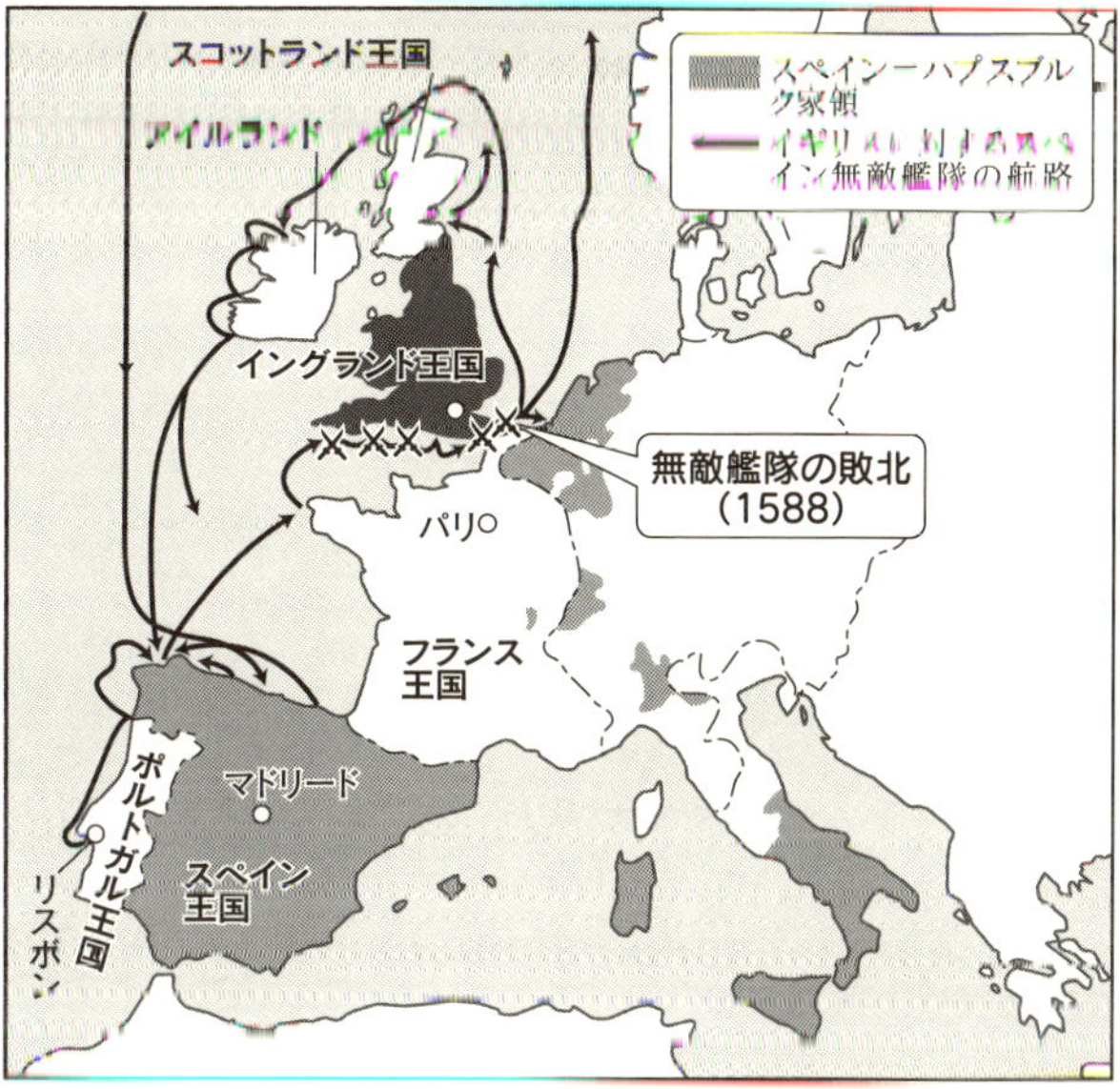

れたのだ。

イングランドとスペインの対立は、プロテスタント国対カトリックの牙城国の対立である。そこには、オランダ問題が強く影響している。

じつのところ、16世紀半ば、エリザベス1世が即位した時代、スペインがもっとも敵視していたのは、ネーデルラント（オランダ）である。当時、ネーデルラントはスペインの領地であり、ネーデルラントの富はスペインを支えていた。だが、プロテスタントの多いネーデルラントはスペインからの独立を志向、これをスペインは激しく弾圧した。

1568年、オラニエ公ウィレムを中心にネーデルラントの独立闘争がはじまり、1581年にはオランダとして独立を宣言する。オランダ独立の国際的な承認は17世紀になってからだが、イングランドはこれに介入、ネーデルラントの支援をはじめたのだ。

それは、イングランドからすれば、地政学的な理由からだ。オランダは、イングランドのすぐ対岸にある。ここがカトリック・スペインの拠点でありつづけるなら、オランダはイングランドへの鋭い匕首《あいくち》になる。イングランドにとって、オランダがスペイン化、カトリック化するのは、脅威であったのだ。

イングランドのオランダへの軍事支援は、スペインを苛立《いらだ》たせた。オランダの実質独立が既成事実化していくと、スペインの怒りはオランダよりイングランドに向けられはじめる。加えて、イングランドの私掠船がスペイン船を襲い、スペインに実害を与えつづけている。スペイン王フェリペ2世は、イングランド遠征を企図し、130隻の艦隊を動員したのだ。

これがドーバー海峡の海戦となり、イングランド艦隊は暴風のなか、スペイン艦隊に奇襲をかける。スペイン艦隊は、奇襲と暴風によってちりぢりばらばらになって、多くはスコットランド沖まで流されてしまった。スペイン艦隊は44隻の船を失い、スペインのフェリペ2世はイングランド侵攻を断念せざるをえなかった。

イングランドのアルマダ撃破は、たしかにジャイアント・キリングといえるが、歴史的勝利とまではいいがたい。というのも、スペインの「無敵艦隊」という呼称そのものが、大げさだからだ。アルマダは、のちのイギリス海軍のような連戦連勝の艦隊ではない。1571年、レパントの海戦で地中海の覇者オスマン帝国海軍に勝った程度である。それも、オスマン帝国艦隊を殲滅《せんめつ》したわけではなく、レパント海戦ののちもオスマン帝国艦隊は健在であった。

結局のところ、スペイン艦隊を「アルマダ」に仕立てたのは、イングランド側が自らの勝利を喧伝《けんでん》したいがためだ。海戦の勝利によって、スペインとイングランドの地位が逆転したわけではなく、イングランドが大国化するにはまだ時間を要したのである。

処女王
なぜ、エリザベス1世は生涯独身を貫いたのか？

イングランド浮上の象徴となったエリザベス1世は、生涯独身だった女王として知られる。彼女は、「ヴァージン・クィーン（処女王）」として国民から愛されもした。彼女の即位は、25歳のときである。この当時の適齢期をとうに過ぎているとはいえ、女性として花盛りであり、即位当初は、「フェアリー・クィーン（妖精女王）」とも呼ばれた。

縁談話がなかったわけではない。スペイン国王のフェリペ2世、オーストリアのカール大公、フランス王の弟アンリ、スウェーデン国王エーリク14世らが求婚してきた。エリザベス1世の側近も、彼女に結婚を勧めていた。

にもかかわらず、エリザベス1世が求婚に応じることはなかった。そこには、エリザベス1世の戦略とかけひきがあったと思われる。

エリザベス1世がある国の君主と結婚するということは、イングランドが相手国と同盟を結ぶということでもある。その一方、相手国が強大であるほど、イングランドが呑み込まれていく危険をはらむ。女王にとって、結婚は両刃の剣であり、最後までとっておくべきカードだったのだ。

結婚の危険については、エリザベス1世は姉メアリ1世とスペイン皇太子フェリペの結婚を見ている。ふたりの結婚は、イングランドのスペイン化をもたらしかねなかった。

さらにいえば、結婚をちらつかせるなら、相手国から協力や譲歩を引き出しやすい。当時のヨーロッパ情勢は刻々と変わるから、結婚をカードにすることで、イングランドはうまく立ち回ることができたのだ。そして、結婚を外交カードにしているうちに、高齢化し、結婚が遠のいていったのだ。

また、エリザベス1世は、女性としての機能に自信をもっていなかったからという説もある。エリザベス1世の主治医ヒュイックは、彼女に結婚を控えたほうがいいと進言してもいる。実際、最近の研究では、エリザベス1世の子宮は発育不全で、生理もなかったという説が唱えられている。彼女には、少女時代にロンドン塔に幽閉されていた歴史がある。ロンドン塔時代が、彼女の健全な発育を阻害したとも考えられるのだ。

もうひとつ、エリザベス1世が「処女王」だったかは、疑わしい。彼女には愛人がいて、それなりに女性として楽しんでいたのだ。

エリザベス1世が生きた時代は、イングランドに華やかな文化が生まれた時代でもある。文学がさかんとなり、シェイクスピアも同時代の人だ。

スコットランドのメアリ

元スコットランド女王にして、元フランス国王妃だった女性

エリザベス1世の生涯には、ふたりの「メアリ」が関わった。一人目のメアリは、姉メアリ1世である。すでに述べたようにメアリ1世は、エリザベスを快く思っていなかったようだ。

もう一人のメアリとは、スコットランド女王でもあったメアリである。彼女の曽祖父は、チューダー朝の始祖・ヘンリ7世であり、エリザベス1世と同じ血統をもつ。

メアリの生涯は、数奇である。父ジェームズ5世が死没してすぐ、生後1年も満たないときにスコットランド王として即位する。その後、イングランド国王・ヘンリ8世は息子エドワードと彼女の結婚を強く希望するが、スコットランド側が拒否、そのため、スコットランドはイングランドの侵攻を受けている。

イングランド側がメアリとの結婚を望んだのは、イングランドとスコットランドの同君連合を期待できるからだ。ふたりの間に子どもが生まれるなら、王子はやがてイングランドとスコットランド両国の王となるだろう。イングランドは、同君連合の名のもと、スコットランドを併呑《へいどん》していけるのだ。

スコットランドは、これに危機感を覚えていた。スコットランドはイングランドの侵攻に対して、軍事的に劣勢である。手痛い軍事的な敗北を喫すれば、イングランド側に幼いメアリ女王を拉致されかねない。そこで、スコットランドはメアリを友好国であるフランスに移すことを考え、実行した。フランス国王・アンリ2世もこれを歓迎、メアリは、フランス王太子・フランソワの婚約者となった。

6歳でフランスに渡ったメアリは、カトリックのヴァロワ朝宮廷で育ち、イタリア・ルネサンスを持ち込んだフランスの華麗なる文化を知る。1559年、メアリの夫がフランソワ2世として即位したから、メアリはフランス王妃となった。スコットランド女王にして、フランス王妃となったのだ。

ふたりの結婚を実現させたフランス国王・アンリ2世には、野心があった。メアリはチューダー朝の始祖・ヘンリ7世の曽孫に当たる。イングランドには、メアリ、エリザベスという王位後継者がいたが、彼女らは父ヘンリ8世によっていったん庶子《しょし》に落とされていて、王位後継資格があるか疑わしい。となると、スコットランドのメアリこそが、正統のイングランド王家後継者となる。フランス王妃がイングランドの女王として即位するなら、フランスはイングランドを併呑することができるのだ。

実際、1558年、メアリ1世が没し、エリザベス1世が即位したとき、アンリ2世は、その即位に疑義を投げかけている。「庶子であるエリザベスへの王位継承には極めて疑義があり、わが息子の嫁のメアリにこそ、イングランドの正当な王位継承権がある」と突きつけたのだ。これはイングランドをあわてさせ、議会が急いでエリザベス1世が嫡出《ちゃくしゅつ》であることを議決している。

メアリもまた、義父アンリ2世の主張に染まっていた。彼女は、イングランド王位後継者であることを示す紋章を食器に刻み、イングランド大使をもてなしたことがある。これには、エリザベス1世が激怒したという。

だが、メアリの絶頂は長くはつづかなかった。夫フランソワ2世はすぐに死去したため、メアリはスコットランドへと帰国する。そこから先のメアリは、思慮の足りない、行き当たりばったりでふらふらと生きる女性でしかなかった。

彼女は、まずは母国のプロテスタント化に衝撃を受ける。カトリック国フランスで育った彼女にとって、プロテスタントの母国は馴染めなかった。しかも、スコットランド宮廷はフランス宮廷と比べるべくもないほど、野暮である。

孤独なメアリは愛欲生活に溺れるようになり、周囲の反対を押し切って、従兄弟のヘンリ・スチュアートと結婚する。この人物もまたチューダー朝の始祖・ヘンリ7世の血をひく。ふたりの間には、ジェームズ（のちのジェームズ6世）という宿命の子が生まれる。

ただ、メアリはすぐに結婚生活に倦《う》み、新たな愛人をつくる。そんななか、夫の爆死事件が起き、メアリは関与を疑われた。メアリは、国を混乱させたばかりか、スコットランド人の信望を失っていた。孤立したメアリは、廃位され、幽閉されてしまった。代わって、息子がジェームズ6世として即位する。

メアリはその後、幽閉先から脱出、支援者を得て戦いをはじめるが、敗北。イングランドに亡命する。当時、イングランドの女王はエリザベス1世である。彼女とメアリは親戚だから、エリザベス1世も彼女を粗末には扱えない。以後、エリザベス1世はメアリを緩やかな軟禁生活に置く。

エリザベス1世から寛大な待遇を得ても、メアリは思慮に欠けた。彼女は相変わらずイングランド王の正当な後継者を主張したから、反エリザベス1世勢力に利用されがちだった。結局、エリザベス1世暗殺未遂事件に関与した疑いから、彼女は裁判で死刑と決まった。エリザベス1世は逡巡《しゅんじゅん》したものの、処刑に同意、メアリは44歳で世を去った。

イギリス文化の疑問に答える 3

「湖上の美人」に恋慕する スコットランド王はダメダメな王だった？

ウォルター・スコットといえば、スコットランド生まれの作家であり、『アイヴァンホー』などの作品で知られる。彼の作『湖上の美人』はイタリアのロッシーニによってオペラ化され、いまもロッシーニの傑作として上演されている。

オペラ『湖上の美人』では、スコットランド国王ジャコモ5世がヒロインに恋慕し、ライバルとの恋の鞘当《さやあ》てとなる。そこに、スコットランドの「抵抗の戦士」ハイランダーたちも登場、話は盛り上がり、最後は王の寛容によって物語は終わる。

けれども、現実のジャコモ5世が立派な王だったかというと、そう言い切るのはむずかしい。ジャコモ5世はスコットランド史においては、スチュアート朝のジェームズ5世となる。たしかに彼の時代、スコットランドでは文化は振興したものの、国内で彼は人気がなかった。イングランド相手の戦争では不甲斐《ふがい》ない戦いをしでかし、結局のところ、フランス頼みの王になってしまった。彼は、30歳で生涯を終え、功績を残せないままだった。

4章

清教徒革命からスコットランド合併まで

立憲君主制の成立と海洋覇権国家への道

本章で扱う時代のおもな出来事

スチュアート朝	1603	エリザベス1世死去 スコットランド国王ジェームズ6世がイングランド国王ジェームズ1世として即位、王権神授説を唱える
	1625	チャールズ1世即位
	1628	権利の請願
	1639	スコットランドの反乱
	1642	内戦(三王国戦争)はじまる
共和政	1649	チャールズ1世を処刑、共和政が成立 クロムウェルの独裁政治(〜58) クロムウェルのアイルランド侵略
	1652	英蘭戦争(第一次)がはじまる(〜54)
	1653	クロムウェルが護国卿となる
スチュアート朝	1660	王制復古、チャールズ2世即位
	1685	ジェームズ2世即位
	1688	名誉革命が起こる
	1689	ウィリアム3世・メアリ2世即位(共同統治) 権利の章典制定
	1707	グレートブリテン王国の成立 (イングランド・スコットランドの議会合同)

同君連合

スコットランド王を迎えての、イングランド・スチュアート朝のはじまり

1603年、イングランドではエリザベス1世が死没する。国内に王位継承者は不在となり、国外から新たな王を迎え入れることとなった。スコットランド・スチュアート王家のジェームズ6世であり、彼がイングランドでジェームズ1世として即位する。

ジェームズ1世は、チューダー朝の始祖・ヘンリ7世の血統をひく。彼の母メアリは、イングランド国王の正当な継承者であることを主張してきた人物だ。子のなかったエリザベス1世は、ひところからジェームズ1世を後継王として見ていたようで、これを匂わせる私信を彼に送ってもいる。彼の即位は不自然なものではなかった。

これによりイングランドではスチュアート朝がはじまり、イングランドとスコットランドは、初めて同じ君主を戴《いただ》くことになり、同君連合が生まれた。この時点では、イングランドとスコットランドそれぞれに独自の議会が残っているが、イングランドとスコットランドの合邦化の第一段階がはじまったといっていい。

ジェームズ1世はエディンバラの宮廷にあったが、ロンドンの宮廷に引っ越す。以後の22年間のうち、彼のスコットランド帰還はたった1回しかない。

当時、イングランドとスコットランドの国力にはかなりの差があった。ジェームズ1世にはイングランド統治のために学ぶべきことが多く、イングランドでの政務に忙殺されてしまった。

ジェームズ1世はいつのまにか、スコットランド王でありながら、イングランド化した国王となっていたのだ。以後のスチュアート家の国王もロンドンを中心とし、イングランド化している。

ジェームズ1世の根本にあったのは、君主の権力は神によって授けられたとする「王権《おうけん》神授説《しんじゅせつ》」である。彼は専制君主たらんとして、議会と対立していく。国王対議会の対立は、彼の子・チャールズ1世の時代にさらに深刻化する。

また、ジェームズ1世は、スコットランド時代に、デンマーク王家の娘アンと結婚していた。ふたりの間に生まれたエリザベスは、バイエルン公・フリードリヒ5世と結婚する。その血統は同じドイツのハノーヴァー選帝侯家《せんていこうけ》に受け継がれ、スチュアート朝が途絶えたのち、イギリスはハノーヴァー選帝侯家のジョージ1世を新たな国王として迎え入れることになる。

内戦(シヴィル・ウォー)

国王対議会、さらに宗教対立ではじまった「三王国戦争」

1625年、ジェームズ1世が没し、その子チャールズ1世が即位する。17世紀、チャールズ1世からチャールズ2世、ジェームズ2世に至るスチュアート朝の時代は、イングランドの動乱の時代である。ピューリタン革命、名誉革命というふたつの革命を経験して、立憲君主制ができあがる。そこには、内戦による血の大殺戮《だいさつりく》が伴った。

ピューリタン革命、名誉革命は、「国王」対「議会」の対立による市民革命的な側面もある。と同時に、カトリックとプロテスタントの対立による宗教内戦でもある。16世紀後半、フランスは深刻な宗教内戦に陥り、17世紀前半、ヨーロッパ大陸ではカトリック対プロテスタントの対立による三十年戦争を経験した。イングランドもまた例外ではなく、スコットランド、アイルランドを巻き込む宗教内戦に向かったのだ。

ピューリタン革命は、チャールズ1世と議会の対立、チャールズ1世とスコットランドのプロテスタントである長老派の対立からはじまる。専制君主色の強いチャールズ1世は、1629年に議会を解散して以来、11年間、議会を開くことがなく、王と議会の溝は深まるばかりであった。

そんななか、チャールズ1世はスコットランドにイングランド国教会の儀式と祈禱《きとう》を強制した。スコットランドでは、すでに長老教会主義を国教にしていたから、エディンバラで暴動が起きた。チャールズ1世はスコットランドの鎮圧に失敗、戦費を調達するため、議会を開いた。議会は大揉《も》めし、3週間余りで解散された。これは、「短期議会」と呼ばれる。

その後、チャールズ1世はスコットランド侵攻にふたたび失敗、賠償金の支払いのため、議会を開かねばならなかった。その議会は12年半もつづいたから、「長期議会」と呼ばれる。長期議会でも国王対議会の対立は解消されることなく、むしろ悪化する。

ここに、カトリック問題も絡んでくる。チャールズ1世は、フランスの王女・アンリエッタ・マリアと結婚する。カトリック大国の王女である彼女は、イングランド国教会による戴冠式を拒否する。結婚後、チャールズ1世は王妃の影響を受けて、親カトリック政策を展開、カトリック大国のスペインやフランスにも接近した。

チャールズ1世の親カトリック政策は、イングランドでカトリックが復活するのではないかという懸念を大きくした。イングランドではヘンリ8世がイングランド国教会を成立させてのち、反カトリックが進行してきた。ヘンリ8世の娘メアリ1世がカトリックを支持、プロテスタントを弾圧した時代は悪しき記憶となっている。親カトリックに傾いたという点でも、チャールズ1世に批判の声があがっていた。

そして、1641年、アイルランドでの反乱が起き、1642年、国王派と議会派による「内戦（シヴィル・ウォー）」に突入する。内戦は、イングランドのみならず、スコットランド、アイルランドを巻き込み、「三王国戦争」とも呼ばれる。国王派にはイギリス国教会派が多く、議会派にはピューリタンが多く集まった。

清教徒革命

国王チャールズ1世処刑後、新たなる独裁者となったクロムウェル

イングランドにおける内戦は、当初、国王軍優勢にあったが、やがて議会派が形勢を逆転させる。議会派の中心にあったのは、オリヴァ・クロムウェルである。クロムウェルが着手したのは軍の改革であり、「鉄騎兵」を中心にしながら、「ニューモデル軍（新軍）」を編成した。新軍には熱心な清教徒（ピューリタン）が多く、そこに宗教的熱狂が伴った。

さらに議会派は、スコットランドに軍事支援を求め、スコットランド軍も加わった。スコットランド軍は一枚岩《いちまいいわ》ではなかったが、議会派が攻勢に出はじめたのだ。

1645年、議会派の軍はネイズビーの戦いで国王軍を撃破する。その後、チャールズ

清教徒革命

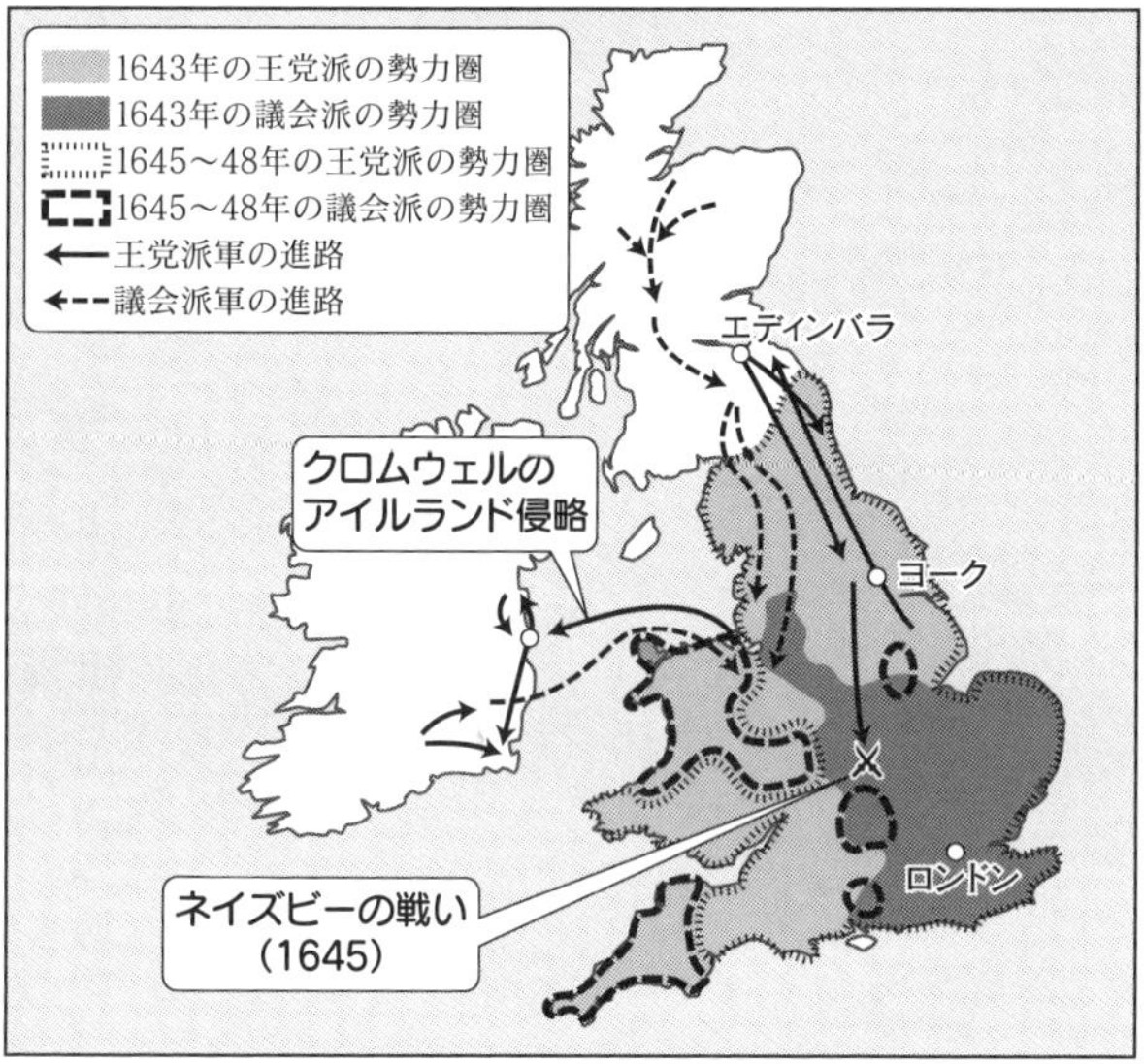

1世はスコットランド軍の一部と連合して戦ったが、完敗、ついには捕らえられた。

1649年、チャールズ1世は裁判にかけられ、死刑の判決を受ける。彼は、ロンドンのホワイトホールのバンケティング・ハウスの前に拵《こしら》えられた処刑台で斬首されている。これまで、イングランドには、新たな国王によって処刑されたり、監禁のすえ死に追いやられたりする国王もいたが、公衆の面前で処刑された国王はいなかった。チャールズ1世は、公開処刑された唯一のイングランド王となった。

イングランドでは君主制が廃され、

クロムウェルを中心とした共和政となる。これが、清教徒（ピューリタン）革命だ。革命の原動力に清教徒があったことから、この名がついた。ただ、この当時、その名はない。「革命」の名もない。「清教徒革命」は、19世紀につけられた呼び名なのだ。フランス革命を経験した世界は、「革命」の呼称に正義を見た。イングランドのリベラル層は、フランス革命に先立つ革命がイングランドにあったとして、「清教徒革命」の名をつけたのだ。

革命はおうおうにして、独裁を呼び込む。イングランドの清教徒革命では、クロムウェルの実質独裁が確立されていく。当初、議会派は、独立派、長老派、平等派の大きく三派に分かれていた。クロムウェルが率いたのは、「独立派」である。ピューリタンの一派である「独立派」が基盤であったところから、この名がついた。長老派は同じピューリタンでも、カルヴァン派の流れを汲む「長老派」を基盤とし、スコットランド人も支持していた。「平等派」はおもに小ブルジョアらであり、もっとも急進的であった。

クロムウェルはまずは平等派と組んで、長老派の追放に成功、つづいては平等派に勝利している。これにより、共和政といいながら、実質、クロムウェルの独裁政治となっていったのだ。

クロムウェル

アイルランドに惨禍をもたらし、スコットランドも制圧

清教徒革命の指導者クロムウェルは、歴代イングランド王よりも好戦的で、残虐な侵略者の側面をもっていた。彼は革命後も内戦「三王国戦争」を継続させ、アイルランド、スコットランドにも侵攻している。

クロムウェルの体裁《ていさい》だけの共和政は、国王チャールズ1世を処刑した瞬間から、スコットランド、アイルランドと対立をはじめていた。チャールズ1世の処刑は、クロムウェルの勢力が独断でおこなったものであり、スコットランド、アイルランドは、国王処刑を不快とした。スコットランド、アイルランドは、チャールズ1世の子・チャールズを「チャールズ2世」として自らの国王としたから、イングランドから分離したも同然だった。クロムウェルは、これを軍事侵攻で解決しようとしたのだ。

とりわけ、アイルランド侵攻は苛烈《かれつ》を極めた。アイルランドには、カトリックが多く、国王派とカトリックが結託して、反革命勢力となっていた。クロムウェルからすれば、カトリックは排除すべき敵でもある。加えて、1641年のアイルランドでの反乱では、多くのイングランド人が殺害されたと伝えられていたから、その報復の意味もあった。16

49年、クロムウェルの率いる軍はアイルランドに上陸、侵攻するや、兵士のみならず、市民までも虐殺していった。クロムウェルの軍はアイルランドの多くを支配、実質的にアイルランドを併合した。

戦後の処理も過酷であった。カトリックの地主や反乱に加わった地主の土地を没収、イングランドの商人やプロテスタントに引き渡した。クロムウェルは、アイルランドを収奪し、革命政権の原資にしていったのだ。

一方、スコットランド側は「チャールズ2世」を戴いて、イングランドに反撃したが、完敗を喫している。チャールズはフランスへと亡命、クロムウェルはスコットランドを併合した。歴代イングランド王のなかで、プランタジネット朝のエドワード1世のみが達成したスコットランド併合を成し遂げてみせたのである。

また、クロムウェルは、ヨーロッパ諸国とも戦争を開始している。1651年、航海法(航海条例)を定め、オランダの中継貿易の排除にかかった。これが第一次英蘭戦争となる。クロムウェルはさらにスペインと戦い、スペイン領ジャマイカを奪っている。

クロムウェルは1653年には終身の護国卿《ごこくきょう》となり、独裁者の座を保障されたも同然となる。クロムウェルの政治と戦争を成功とするなら、それは彼の信仰の強さに基づくかもしれない。彼は、娯楽を制限するために国内のすべての劇場を閉鎖するほど禁欲的な人物であり、信仰にすべてを捧げようとした。クロムウェルにとっては、すべては「神の裁《さば》き」であった。自らの悪逆《あくぎゃく》も、「神の裁き」とするなら、ゆるされるものであったのだ。

チャールズ2世

なぜ、公職からカトリックを排除する「審査法」が成立したのか？

1658年、オリヴァ・クロムウェルは病没する。代わって彼の子リチャード・クロムウェルが護国卿の座についたが、それは重荷であった。オリヴァ・クロムウェルの独裁体制は彼の宗教的情熱と禁欲によって維持されたが、子にはそれほどの力はない。リチャードは早々と護国卿を辞し、処刑されたチャールズ1世の子・チャールズが帰国した。

チャールズは、イングランドで歓迎された。1660年、チャールズ2世として即位、スチュアート朝が復活したのだ。クロムウェル時代にイングランドに併合されたスコットランド、アイルランドは、形の上で独立を取り戻した。

チャールズ2世の王政復古が受け入れられたのは、イングランドにあってクロムウェルの息苦しい独裁に多くの人々が辟易《へきえき》していたからだ。

クロムウェルの専制は、歴代のイングランド王よりもひどく、息苦しいものであった。

すでに、この時代、市民はコーヒーを楽しみ、娯楽を知っている。そんななかに禁欲的な独裁者が現れたのだから、長続きするものではなかった。イングランドの多くは、国王の時代を懐かしみ、彼の復帰を喜んだのだ。

チャールズ2世の時代は、比較的明るい。彼は色好みで、享楽的《きょうらくてき》な人物であった。そこから「陽気な王」というあだ名がついた。彼の時代にイングランドに紅茶を楽しむ習慣が生まれたから、チャールズ2世の時代は好ましいものであったと思われる。

ただ、チャールズ2世は、のちの争乱の種を蒔《ま》いている。彼は、カトリック国フランスに亡命していた間に、カトリックになっていたのだ。チャールズ2世はカトリックの保護に動き、信仰自由宣言を発したが、議会に蹴られている。それどころか、議会は公職に関する「審査法」を決定し、公職に就く者はイングランド国教会の者にかぎるとした。現代からすれば、ずいぶんな不寛容がまかり通っていたのだが、イングランドの大勢《たいせい》は反カトリックに傾いていたのだ。

イングランドでは、ヘンリ8世がイングランド国教会を成立させてのち、反カトリックの流れにあった。その後、処刑されたチャールズ1世が親カトリックに傾いたことも悪しき記憶になっている。にもかかわらず、チャールズ2世がカトリックに改宗していたとなると、彼の後継者もカトリックになるのではないかという懸念が生まれる。この懸念から、イングランドでは強い反カトリックの流れが醸成《じょうせい》されていく。それが名誉革命につながるのだが、その話はしばし置いて、ここから先、スチュアート朝における海外進出と、ライバル国・オランダについて述べる。オランダは、つづく名誉革命にも絡んでくるのだ。

東インド会社

東南アジアにおける敗北が、インドへの道を開いた

スチュアート朝の時代、イングランドは海外進出を展開、ついには海上覇権国家への道を開いていく。もともとイングランドの海外への本格進出は、チューダー朝の最末期、1600年に立ち上げた東インド会社によってはじまる。

このころ、イングランドのほか、オランダ、フランスも東インド会社を立ち上げている。三国は、海外進出の先行者であるスペイン、ポルトガルを追いかける立場にあった。そんななか、スペイン、ポルトガルを抜き去って、海上帝国を築きあげたのが、オランダである。オランダとイングランドの海外進出はほぼ同時期にはじまっていたのに、17世紀半ばに大差がつき、オランダが世界最強の通商国家となっていたのだ。

オランダの成功は、ひとつには東アジア、東南アジアに食い込み、ポルトガルを追い落としてしまったところだ。東アジアでは、日本の銀と中国の生糸を商う中継貿易がさかんだったが、オランダはポルトガルから中継貿易を奪い、独占していく。イングランドはといえば、すごすごと東アジアから消えるしかなかった。

また、オランダは東南アジアでも、ポルトガルに取って代わった。ひところまで、ヨーロッパがもっとも望んでいたのは、東南アジア産の香料である。オランダ人はポルトガル人を出し抜き、香料貿易をほぼ独占したのだ。

東南アジアに食い込みたいイングランドは、モルッカ諸島のアンボイナに、東インド会社の商館を置いた。そこには、すでにオランダの東インド会社があったから、イングランドとオランダは激しく対立。1623年には、アンボイナ虐殺事件となる。事件によって、イングランドは東南アジアから叩き出されてしまう。この事件では、日本人傭兵《ようへい》も戦死している。

東南アジアで敗れたイングランドは、やむなくインドに向かう。これが、イングランドには幸いした。17世紀も後半になると、ヨーロッパでの香料人気はかつてほどではなくなっていく。代わって、ヨーロッパで人気となったのは、インド産の絹織物であった。すでにイングランドはインド各地に拠点を置いていたから、インドの絹織物という商品を得て、イングランドはオランダを追走、さらに逆転する芽が出てきはじめたのだ。

ピルグリム・ファーザーズ
宗教対立下のヨーロッパの不寛容と暴力が、新大陸に持ち込まれた

イングランドの海外進出は、海外の植民を伴った。海外への植民先となったのは、おもに北米大陸である。イングランドの北米大陸における最初の植民地は、1607年に建設したジェームズタウンである。その名は、当時の国王ジェームズ1世にちなむ。

ジェームズタウンが建設されたのは、ヴァージニアである。1580年代、ウェルター＝ローリーがヴァージニアの植民地開発をはじめ、「処女王」エリザベス1世にちなんで、その名がつけられていた。新大陸における植民は困難を伴い、インディアン（ネイティブ・アメリカン）の助けがなければ、植民者は全滅したのではないかといわれるほどだ。ヴァージニアにおける初の植民地建設にまで、長く時間を要しているのだ。

もっとも名高い移民は、1620年、ピルグリム・ファーザーズと呼ばれるピューリタンの移民である。彼らはイングランド国教会や国王に批判的であったため、イングランドでは肩身が狭くなっていた。彼らはプリマス港から「メイフラワー号」に乗って、北米大陸に向かい、マサチューセッツ湾にたどり着く。彼らはここに移住、築いた植民地の名を

出発母港にちなみプリマスとした。

このあと、1626年、ロードアイランドにも植民地が建設されているが、建設した人たちはマサチューセッツから追放された人たちであった。植民地では、本国を半ば追放された者同士が仲違《なかたが》いもしていた。

こうしたケースが示すように、北米大陸に植民しようとしたピューリタンは、かなり粗暴で、排他的な側面をもっていた。ひところまで、「メイフラワー号」の物語は、アメリカ建国の精神に関わる美談として語られてきたが、現実はかなり違った。彼らは、自分たちに助けの手を差し伸べてくれたインディアンたちを騙《だま》し討ちにして、彼らの土地を容赦なく奪った。ヨーロッパの不寛容な宗教対立のなかで育ったピューリタンをはじめとする移住者は、ヨーロッパの不寛容を新大陸に持ち込んでいたのだ。

イングランドはカリブ海にも植民活動を展開、バルバドス島では砂糖プランテーションを建設している。クロムウェルの時代に、イングランドはジャマイカを奪うと、ここも砂糖生産の基地となる。ジャマイカは、世界最大の砂糖生産地にまでなるが、その裏にあったのが、黒人奴隷による強制的な労働だ。この時代から、イングランドは黒人奴隷を使うことを覚え、富を蓄えはじめていたのだ。

対オランダ戦争

オランダの海洋覇権切り崩しに手段を選ばないイングランド

17世紀、スチュアート朝のイングランドがライバルとしたのは、オランダである。すでに紹介したとおり、オランダは東アジア、東南アジア進出において、イングランドに勝利し、巨利を手にしていた。オランダのアムステルダムは、世界交易の中心地として栄え、イングランドがのし上がるには、オランダを超えねばならなかった。それが、3次にも渡る対オランダ戦争となる。

第一次英蘭《えいらん》（イングランド・オランダ）戦争は、クロムウェルの時代にはじまる。1651年、イングランドは航海法（航海条例）を施行、外国船のイングランドとその植民地への寄港を禁じた。これはオランダ船のイングランド寄港排除を狙ったもので、イングランドはオランダの中継貿易体制にひびを入れようとしたのだ。これを契機に翌1652年、第一次英蘭戦争がはじまった。

1665年、イングランド船によるオランダ船の攻撃から、第二次英蘭戦争となる。ふたつの英蘭戦争そのものはオランダの優位に終わったが、イングランドはオランダの海洋覇権の根幹にあった「海洋の自由」を破壊し、オランダ経済にダメージを与えることには成功した。

つづく第三次英蘭戦争は、様相を異にする。1672年にはじまる英蘭戦争は、「太陽王」ルイ14世のフランス軍によるオランダ侵攻に連動したものだ。たしかにオランダの海軍は強力だが、陸戦にあってはフランスに劣勢となる。強力なフランスにイングランドも加勢する形となり、オランダは存亡の危機を迎えた。

イングランドからすれば、フランスに加勢すれば、オランダの国力をそげる。しかも、国王チャールズ2世はフランス寄りだったから、フランスへの加勢は当然ともいえた。

ここで立ち上がったのが、オランダ総督オラニエ公ウィレム3世だ。彼の踏ん張りによってオランダはもちこたえるが、オランダが疲弊していったことも事実だ。三度の英蘭戦争を経て、イングランドはオランダから海洋通商の覇権に迫っていたのだ。

また、第三次英蘭戦争は、イングランドにおける名誉革命と密接に関わってくる。というのも、オランダのオラニエ公ウィレム3世が、オランダを守るために、フランスとイングランドの分断を考えはじめたからだ。彼は、イングランド王家の娘と結婚していて、名誉革命のイングランドにあって、ウィリアム3世として即位するオランダ人なのだ。

名誉革命

宗教対立を色濃く反映した市民革命

1685年、イングランドではチャールズ2世が死去、彼の弟ジェームズ2世が即位する。ジェームズ2世は、兄と同じくカトリックであった。

ジェームズ2世がカトリックとなったのは、結婚によってである。彼は、イタリアのモデナ公爵・アルフォンソ4世の娘メアリと結婚していたが、彼女はカトリックであった。ジェームズ2世は妻の影響で、カトリックに改宗していたのだ。

すでに、ジェームズ2世の即位以前から、彼の王位継承に反対意見があった。イングランドでは、国教会派が強く、カトリックをはじめとする非国教会派に冷淡であった。イングランドでは、ローマ教皇の人形を焼く「教皇焼き」デモがあるほどに、反カトリックが強まり、新たなカトリック王登場に抵抗を隠さなくなっていた。

一方、即位したジェームズ2世はカトリック保護に向かい、信仰自由宣言を出し、議会を解散させた。そこに、妻メアリの男児出産である。カトリックの家庭で育つなら、その子はカトリックとなるだろう。ジェームズ2世ののちも、イングランドは忌避《きひ》したいカトリック王を戴くことになる。これに、イングランドの反カトリック勢力は苛立《いらだ》っていた。

反カトリック勢力のもうひとつの懸念は、ジェームズ2世とフランス国王ルイ14世の結びつきである。ルイ14世は、熱心なカトリックであり、フランス国内のユグノー（新教徒）を追放していた。ジェームズ2世が、同じカトリックとして、強大なルイ14世の軍をイングランドに招き寄せるなら、イングランドはカトリックを強制されかねない。

ここで、反カトリック勢力のなかで浮上したのは、オランダ総督オラニエ公ウィレム3世である。彼は英蘭戦争でイングランドと争った人物だが、その一方、ジェームズ2世の娘メアリと結婚していた。メアリは、プロテスタントである。イングランドの反カトリック派は、ウィレム3世の軍事支援のもと、彼の妻メアリを女王に就けようと構想しはじめる。ウィレム3世は、イングランド側からの要請に同意する。

1688年、ウィレム3世率いる精鋭のオランダ軍はブリテン島南西部に上陸した。イングランドの有力勢力は彼の味方となったから、趨勢《すうせい》は一気に決した。ジェームズ2世は、あっさりとフランスへ亡命し、ここに名誉革命が起動した。

ウィリアム3世とメアリ2世

オランダ総督は、じつは押しかけ国王だった

オランダ総督ウィレム3世率いる軍のイングランド上陸、ジェームズ2世の逃亡は、イ

ングランドで歓迎されたが、その後、ひと悶着《もんちゃく》が起きる。イングランド側が望んでいたのは、ウィレムの妻メアリの女王即位である。

だが、ウィレム3世は、自らの即位を求めた。そもそもウィレム3世自身は、王位継承権の順位は低い。なのに、彼は厚かましく、イングランド側からすれば寝耳に水であった。それでは、イングランドは彼の即位を拒否すると、ウィレム3世は軍隊とともに母国に帰ろうとする。イングランドにガードマンが不在となり、ジェームズ2世の逆襲を招きかねない。ウィレム3世と揉《も》めた議会は、悩んだ揚げ句、ウィレム3世とメアリを共同統治者とした。これによりウィレム3世はウィリアム3世として、メアリはメアリ2世として即位、夫妻による共同統治となった。

ふたりは即位をまえに、議会から提出された「権利の宣言」を承認、「権利章典」として発布した。「権利章典」では、立憲君主制が明らかにされた。国王の力が大幅に制限され、議会が主権を握ることとなった。

さらにこの章典では、王位継承にカトリックを排除することを明文化している。これにより、フランスに亡命したジェームズ2世の復位を阻んだことになる。

実際、ジェームズ2世はフランスのルイ14世の支援を得て、復位を狙ってきた。彼は、まずはカトリックの強いアイルランドに上陸、ここで勢力を巨大化させて、イングランド侵攻を企てた。

これを阻止すべく、ウィリアム3世の軍はアイルランドに上陸、フランス・アイルランド連合軍をボイン川で破った。ジェームズ2世は、フランスに逃亡するほかなかった。

こうしてイングランド王としての力を示したウィリアム3世だが、じつは押しかけ国王だったという見方もある。実際のところ、イングランド側が真に必要としたのは、彼の妻、王位継承権のあるメアリである。ウィリアム3世は、フランスに対する用心棒程度の扱いだった。にもかかわらず、彼がイングランドにおける王位を要求、議会と揉めたのは、彼が強引にイングランドに押しかけたからだ。ウィリアム3世は、イングランドを対フランス戦の重要な駒と見なし、半ば乗っ取りに出ていたのだ。

ウィリアム3世は、オランダ総督としてフランスのルイ14世の野望に立ち向かってきた。ただ、オランダ一国で大国フランスの軍事力に対抗しきるには、困難を伴った。ドーバー海峡の先を見るなら、イングランドにはカトリック王がつづき、カトリック大国フランスの意のままに動きそうな危険をはらみつづけている。実際、第三次英蘭戦争では、イングランドはフランス側に回って戦っている。

オランダとすれば、フランスとイングランドの連携は、脅威でしかない。それがこの先もつづくなら、オランダは危うい。ただでさえ、イングランドはオランダの海洋覇権に挑戦しつづけているのだ。ここで、ウィリアム3世は一大逆転の手を打ち、イングランドをオランダ側に引きつけようとしたのだ。ウィリアム3世からすれば、イングランド議会と国王ジェームズ2世の対立は、つけいるのにいい機会であったのだ。

ウィリアム3世が即位したからには、イングランドはオランダに開戦できない。彼はイングランドをオランダの味方につけ、対フランス戦線に参戦させている。名誉革命でもっとも救われたのは、オランダだったということにもなる。

ホイッグとトーリ

ジェームズ2世のカトリック問題が、イギリスに政党を生んだ

チャールズ2世の時代から名誉革命に至るまで、イングランドには政党の雛型《ひながた》が生まれていた。ホイッグとトーリである。両者が、のちの二大政党である自由党、保守党となる。ふたつの政党が生まれたのは、ジェームズ2世のカトリック信仰問題からである。チャールズ2世の時代、彼の弟ヨーク公ジェームズ（のちのジェームズ2世）はカトリックに改宗し、カトリックであることを隠さなかったから、議会はあわてた。議会は、カトリッ

クが王位に就くことを不可能とする「排除法」を議決しようとしたが、チャールズ2世はこれを押しとどめた。

ここで、議会はふたつに割れていく。ホイッグは、排除法に積極的だったグループだ。彼らは、カトリックであるジェームズの国王即位に否定的なピューリタン系であり、議会中心主義であった。一方、ホイッグと対立するようになるトーリは、王権に寛容であろうとし、イングランド国教会を重んじた。

「ホイッグ」と「トーリ」という呼び名は、それぞれ敵対側からの侮蔑《ぶべつ》言葉である。「ホイッグ」は「スコットランドの暴徒」、「トーリ」は「アイルランドの盗賊」である。この言葉から、イングランド人のスコットランド人観、アイルランド人観がわかろうというものだ。イングランドは近代政党を立ち上げようとしていたが、その一方で、不寛容で独善的な国でもあったのだ。

コーヒーハウス

ホイッグやトーリなどの政党を生んだ文化とは？

17世紀後半、イングランドでホイッグ、トーリという政党が生まれていったひとつの背景には、「生活革命」がある。この時代、イングランドのみならずヨーロッパ諸国は海外に進出、これまでのヨーロッパになかった文物が輸入されるようになった。海外交易は経済を発展させ、余裕のある市民は絹や綿などの衣服を身につけ、酒、茶、タバコなどの嗜好品を楽しむようになってきた。これが、ヨーロッパにおける「生活革命」の進行である。

とりわけ、イングランド、なかでもロンドンで発達した「生活革命文化」はコーヒーハウスである。コーヒーハウスでは、当時、珍しかった砂糖入りのコーヒーや紅茶を飲ませる、いまでいう喫茶店、カフェのようなものだが、同時にそこは議論の場であった。コーヒーや紅茶は人をリラックスさせると同時に、知的にもさせる。砂糖入りの飲料は、人をエネルギッシュにもする。そこから、コーヒーハウスでは議論や情報の交換が活発になったのだ。

イギリス文化というと、クラブのような閉鎖的な社交場が知られる。が、当時、そんな閉鎖的なサロンはなかった。コーヒーハウスには、どんな身分の人たちでも出入り自由であり、そこで政治や経済、文化など多岐にわたっての議論が自由になされた。そうした下地があったから、ホイッグとトーリのような政党も生まれたのだ。

また、コーヒーハウスは情報交換の場でもあった。多くの情報がコーヒーサロンに集まり、そこで情報を教える人たちが生まれた。そこから、新聞や雑誌が誕生していく。その意味で、ロンドンのコーヒーハウスはジャーナリズムの揺籃《ようらん》であった。

また、株式の情報もコーヒーハウスに集まったため、株式の取引もコーヒーハウスでなされるようになった。そこから、証券会社、保険会社も生まれていく。

ただ、18世紀になると、イギリスは階層社会に変質していく。誰でもが自由に出入りできるコーヒーハウスはすたれ、入会制限のある「クラブ」が人気となっていくのだ。

グレートブリテン王国

議会合同による統一王国成立の実態は吸収合併

1707年、イングランドとスコットランドの議会が合同した。これにより、イングランドとスコットランドは合併することとなり、ブリテン島は正式に統一された。「グレートブリテン連合王国」の成立であり、日本でいう「イギリス」のはじまりだ。

すでに前世紀、イングランドとスコットランドは同君連合となり、同じスチュアート王家を戴いてきた。この時点では、それぞれの議会は独立していたのだが、議会を合同させることで、合併としたのだ。

議会合同に動いたのは、おもにイングランド側である。この時期、イングランドは、スコットランドと確実に合併しておきたかったのだ。というのも、スチュアート朝の断絶が決定的になっていたからだ。スチュアート朝では、オランダからやってきたウィリアム3世の死後、メアリ2世の妹アンが即位する。アンはジェームズ2世の娘であり、スチュアート王家の直系である。アンは18人の子を産んでいるが、子らは次々と死去、1700年の時点で、アンから王位を継承する子はすべて死に絶えてしまっていた。これにより、ドイツのハノーヴァー選帝侯妃ゾフィーの娘の血をひく者を新たな王に迎え入れることが決まった。ゾフィー自身は、スチュアート王家のジェームズ1世の孫娘に当たり、プロテスタントである。

だが、この動きに対してスコットランド側は違和感をもっていた。もともと、スチュアート王家は、スコットランドの王家である。その王家が絶えてしまえば、イングランドと同君連合を組む必要もない。スコットランドでは、ジェームズ2世の遺児であるジェームズをスコットランド王に迎え入れる画策も起きていた。

こうしてスコットランドがスチュアート家の王に回帰するなら、イングランドとスコットランドはまたバラバラとなってしまう。そうならないよう、イングランドはスコットランドに議会合同をもちかけたのだ。

スコットランドには、これに反対する勢力も少なくなかったが、結局、議会合同に動いた。この当時、スコットランドは海外進出に失敗し、経済的に窮《きゅう》していた。世界進出を成功させたイングランドの経済的な優位は明らかであり、イングランドは最後は経済力にものをいわせ、スコットランドを納得させたのだ。

さらには、スコットランドが最後の頼みとしがちだったフランスのつまずきも大きい。1701年にはじまったスペイン継承戦争では、イングランド、オランダ、オーストリアが同盟してフランスと戦った。1704年、マールバラ公ジョン・チャーチル率いるイングランド軍はブレンハイムの戦いで、フランス軍を打ち破った。フランス敗北の衝撃が、スコットランド人に諦《あきら》めも生じさせていたのだ。ちなみに、マールバラ公は、第二次世界大戦下にイギリスを率いたチャーチル首相の祖先でもある。

議会合同は、対等な合併に見せかけていたが、実態は違った。それは議会合同後の議員の数を見れば明らかだ。庶民院（下院）では、イングランドとウェールズの議員が513人なのに対して、スコットランド選出の議員は45人。貴族院（上院）では、イングランド・ウェールズの議員が110人を超えるのに、スコットランドの議員は16人にすぎない。スコットランド議員のみでは、発言力は小さく、イギリスを変えるほどには至らない。イングランドは圧倒的な議員数を確保することで、イギリス政治の主導権を得たのだ。

イギリス文化の疑問に答える 4

なぜ、イギリス国旗「ユニオン・フラッグ」にウェールズの赤龍旗がないのか?

イギリスの国旗「ユニオン・フラッグ（ユニオン・ジャック）」は、イギリスの成り立ちを表している。そこには、イギリスを構成してきたイングランド、スコットランド、アイルランドの3か国の旗が統合されているのだ。

ユニオン・フラッグの原形は、イングランドの聖ジョージ旗、スコットランドの聖アンドリュー旗を合体させた「グレイト・ユニオン」旗である。イングランドの聖ジョージ旗は白地に赤十字、スコットランドの聖アンドリュー旗は青地に白の斜め十字であり、これを合体させた模様となったのだ。その誕生は、イングランドとスコット

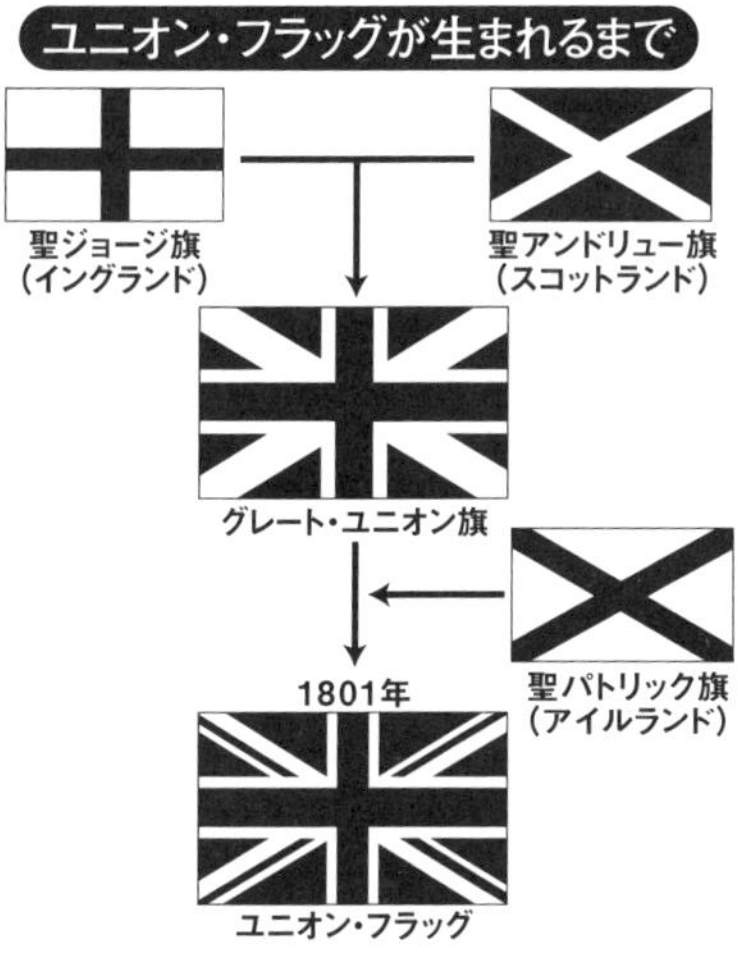

ランドが同じスチュアート王家を戴《いただ》いた同君連合によってであり、1608年に原形ができている。

その後、1801年、イギリスにアイルランドが併合されると、アイルランドの聖パトリック旗の白地に赤の斜め十字の模様が、国旗に加わった。これが、ユニオン・フラッグである。

ただ、じつのところ、ユニオン・フラッグはイギリス国旗として完全とはいえない。古くからの構成員であるウェールズの国旗が欠落しているからだ。ウェールズの国旗は、上半分が白地、下半分が緑地の上に赤い龍である。本来なら、赤龍をユニオン・フラッグに入れてこそ、完全なイギリス国旗となるはずなのだが、そうはなっていない。

ここには、ウェールズのイングランドへの併合が早かったからという事情がある。ウェールズのイングランドへの併合は、1536年のことである。イングランドとスコットランドの同君連合によって「グレイト・ユニオン」が生まれるよりもずっと以前のことであり、ウェールズは省みられなかったのだ。

5章

ウォルポール時代から産業革命まで

宿敵フランスを制し 植民地争奪戦に勝利

本章で扱う時代のおもな出来事

ハノーヴァー朝	1714	ジョージ1世即位
	1720	南海泡沫事件
	1721	ウォルポール第一大蔵卿に就任
	1733	ジョン・ケイが飛び杼（ひ）を発明
	1739	ジェンキンズの耳戦争
	1740	オーストリア継承戦争
	1742	ウォルポール辞職
	1745	最大規模のジャコバイト蜂起
	1756	七年戦争はじまる
	1757	プラッシーの戦い
	1764	ハーグリーヴズがジェニー紡績機を発明
	1769	ワットが蒸気機関を改良

ハノーヴァー朝

英語を解さないドイツ人王のもと、立憲君主制度が進む

1714年、アン女王が死去すると、スチュアート王家のプロテスタントの直系は途絶える。イギリスではこれに備え、ジェームズ1世の孫娘ゾフィーの子を次期国王とすることを決定していた。この規定に従って、ゾフィーの子、プロテスタントであるハノーヴァー選帝侯ゲオルク・ルートヴィヒが、イングランドに向かい、ジョージ1世として即位する。これが、ハノーヴァー朝のはじまりだ。

これまで、イギリスは、フランス人やオランダ人を王として迎え入れてきた。そこに新たにドイツ人が加わったのだ。

ハノーヴァー朝の時代、イギリスは全盛期を築き、世界帝国となる。その突出した繁栄から、「パクス・ブリタニカ（ブリテンによる平和）」の時代とさえいわれる。

まずは、イギリスでは立憲君主制が確立されていくが、これにはジョージ1世のキャラクターも関わっている。ジョージ1世は即位したとき、すでに54歳。英語を解せない身であるうえ、これから英語を学習する気もなかった。しかも、ドイツ式の生活が身についていたから、イギリスのことがほとんどわからなかった。

彼の興味といえば、大陸での軍事であり、生家であるハノーヴァー選帝侯家の地位向上であって、イギリスに関しては他人事《ひとごと》に等しかった。彼は、イギリスの政治に関しては議会任せにした。これにより、イギリスでは議会政治がより発展しはじめるのだ。

ジョージ1世の気質は、彼につづいて即位したジョージ2世にも受け継がれている。彼の関心もまた、父と同じく、大陸での軍事であり、政治には興味がなかった。

ジョージ2世もまたイギリスの政治を議会に任せっきりとなった。スチュアート朝の17世紀、国王と議会の対立は日常茶飯事であったが、ハノーヴァー朝では国王が政治に関心がなかったから、議会との対立はありえなかった。ハノーヴァー朝時代のイギリスは国王に邪魔されることなく、議会政治を発達させることができたのだ。こうして「国王は君臨すれども統治せず」という原則が生まれていったのだ。フランスをはじめヨーロッパ諸国では、王権が強かったにもかかわらず、イギリスは時代に先行していたのである。

ウォルポール

ジョージ1世、ジョージ2世の時代に、「首相」は生まれた

ハノーヴァー朝のジョージ1世、ジョージ2世の時代、議会政治が発展していくが、同時に「首相」という役割が生まれはじめていた。それらしき座にあったのが、ロバート・

ウォルポールであり、彼を「世界最初の首相」とする見方もある。

ホイッグ党にあったウォルポールが本格的に台頭するのは、「南海泡沫《ほうまつ》（サウスシー・バブル）事件」を解決してみせてからだ。南海泡沫事件は、バブル経済の破綻という現代的な事件の先駆ともいえる。南海会社は中南米への奴隷や薬品供給を目指してつくられた会社だが、実態のないような会社であった。にもかかわらず、投機ブームに乗って、南海会社の株式は高騰し、やがて加熱した株式は暴落した。イギリス経済がパニックに陥ったところに、ウォルポールは公的資金の投入をはじめとする対策を打ち出した。これにより破綻劇を収拾させたから、彼の声望は高まる。その声望を背景に、彼は「第一大蔵卿」の座にも就く。

ウォルポールが第一大蔵卿であった時代、イギリスには「ウォルポールによる平和（パクス・ウォルポリアーナ）」と呼ぶべきものがあった。後述するように、18世紀、ハノーヴァー朝時代のイギリスは、戦争つづきであった。とくにフランスとは「第二次百年戦争」を戦っていたといっていいが、ウォルポール時代の末期まで、めずらしくイングランドは戦争に加わらなかった。ウォルポールには、減税によって人気を得ていたところがあり、ゆえに増税が必要となる戦争は忌避《きひ》したかったのだ。

ウォルポールの時代が長続きしたのは、彼が国王ジョージ1世、ジョージ2世から信頼を得ていたことが大きい。国王の心配事といえば、財政である。ウォルポールには財政の健全化の腕があったから、ふたりの国王は信頼を寄せた。とくにジョージ2世の場合、宮廷費を増額してもらっていたから、ウォルポールを支持した。

ウォルポールの時代が終わるのは、イングランドの戦争参加によってである。戦費調達のため増税をおこなうと、ウォルポールの支持も下落、1742年、彼は第一大蔵卿の座を辞している。

ウォルポールが、「首相」の原形となったのは、彼のもとに内閣制度のようなものが生まれ、彼がその長となったからだ。つまりは、内閣が議会に責任を負う責任内閣制の雛型《ひながた》ができあがっていた。

そののち、彼が長く務めた第一大蔵卿が、「首相」となる。首相が英語で「プライム・ミニスター」と呼ばれるようになったのは、彼が「プライム・ミニスター」と悪罵《あくば》されたからだ。ウォルポールへの悪罵「プライム・ミニスター」には、「専制的な権力者」の意味があり、ウォルポールへの悪罵がそのまま「首相」を意味するようになったのだ。

ジャコバイト蜂起

なぜ、スコットランドのハイランダーの文化は抹殺されたのか?

ハノーヴァー朝創始ののち、スコットランドでは、スチュアート王家の復活運動が起きている。ブリテン連合王国の一員となったスコットランドではあるが、イングランドからはとかく差別されがちだった。

さらに、もともとスコットランドの王家であったスチュアート朝が断絶し、ドイツ由来のハノーヴァー朝に替わってしまった。ここに、スコットランド人の不満があった。そこで、スコットランドでは、イギリスを追放されたジェームズ2世(スコットランドではジェームズ7世となる)の直系子孫を正当な国王として担ぎだす勢力が生まれたのだ。

彼らは、「ジャコバイト」と呼ばれた。ジャコバイトとは、「ジェームズ」のラテン語読みである。

ジャコバイトの蜂起は、名誉革命の直後、1689年からはじまり、何度か起きている。そして、最大の蜂起となったのが、1745年の蜂起である。ジェームズ2世の孫・チャールズ・エドワード・スチュアートが担ぎだされ、チャールズはブリテン島に上陸、兵を募った。

このとき、チャールズの軍に参加したのは、おもにハイランダーといわれる戦士たちだった。彼らは、スコットランド北部の高地地方（ハイランド）に住み、スコットランドのなかでも異質、異色な人たちであった。彼らは「クラン（氏族）」と呼ばれる独自の集団を組み、歴代スコットランド王家にも抵抗してきた。戦士として勇敢であったから、イングランド軍に何度も煮え湯を呑ませてきた。

ハイランダーたちを得たチャールズの軍は、イングランドへと侵攻、ロンドンの北200キロのダービーにまで進出している。

ジャコバイト蜂起

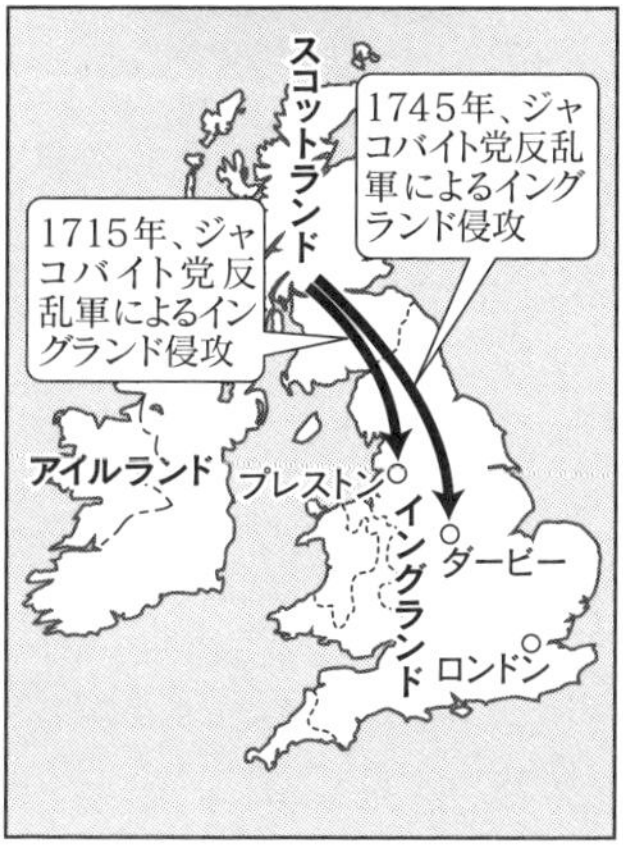

ロンドン市民はパニックに陥ったが、撤退の時期を模索していたハイランダーは、ここが潮時とばかりに引き返しはじめた。

追撃に転じたイギリス軍はチャールズ軍をカロドゥン・ミュア（カローデン湿原）に追い詰め、ここで圧勝、殲滅《せんめつ》する。ハイランダーの多くが戦死し、チャールズはフランスに逃亡した。

この勝利ののち、イギリス政府はハイランダーの文化の廃止にかかっている。ハイランダーの文化といえば、独特のタータンのキルトとバクパイプであった。彼らは戦場ではバグパイプを吹き鳴らし、民族衣装であるタータン柄のキルトをまとって戦ってきた。その文化を禁止し、独自のクランも廃止させた。

これに追い打ちをかけるように、イギリス政府は「ハイランド・クリアランス」を実行する。ハイランドの住人たちを居住地から追い立て、彼らの故郷を奪ったのである。ロンドンの政府からすれば、ハイランダーの文化は恐ろしく野蛮であり、中世をひきずったまま、同化を拒むものに見えた。権力に従わないハイランダーがハイランドにあるかぎり、統一ブリテン島で反乱が起きかねないし、イギリス全体が近代に進めない。そこから、イギリスは少数集団の故郷を奪い、同化の政策に出たといえるのだ。

第二次英仏百年戦争

フランスとの植民地争奪戦に勝つための新たな長期戦

ハノーヴァー朝の時代、イギリスは第二次英仏百年戦争と呼ばれる、フランスとの長い戦争に明け暮れる。それは、フランスのヨーロッパ大陸における覇権を阻止するためでもあれば、世界ではフランスとの植民地争奪戦に勝つためのものでもあった。

第二次英仏百年戦争は、1689年、プファルツ継承戦争への参戦にはじまり、181

5年のナポレオン戦争終結まで、100年以上にわたる。その間、イギリスは戦場とならなかったものの、ヨーロッパ各地、世界各地でフランスと戦い、勝利を重ねてきた。

まず、プファルツ（ファルツ）継承戦争が、つづいてスペイン継承戦争がはじまった。ふたつの戦争はルイ14世の野望を阻むための戦争だ。プファルツ継承戦争は、アウグスブルク同盟戦争とも呼ばれる。1688年、ルイ14世のフランスがプファルツ選帝侯の相続を巡って、プファルツに侵攻したところからはじまる。翌1689年、対フランスのアウグスブルク同盟が結成されると、ウィリアム3世のイングランドもこれに加わる。ウィリアム3世は軍を率いて戦い、フランスの野望を押さえ込みにかかっている。このとき、北米大陸でも、イングランド対フランスの戦争がはじまり、こちらはウィリアム王戦争と呼ばれる。

つづいて1701年、スペイン継承戦争となる。スペイン継承戦争は、フランス国王ルイ14世が、スペイン国王の遺言に基づ

プファルツ継承戦争（1688〜97）

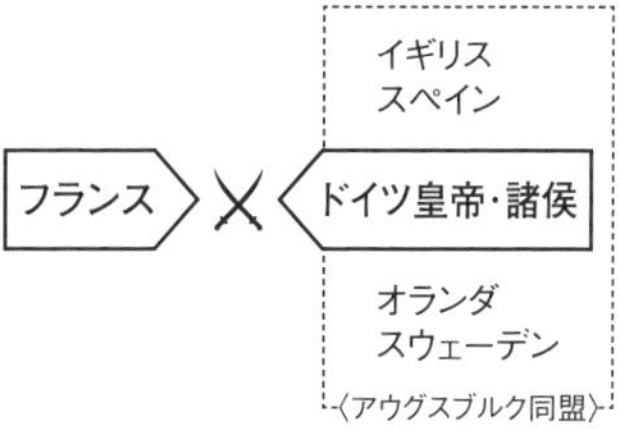

スペイン継承戦争（1701〜13）

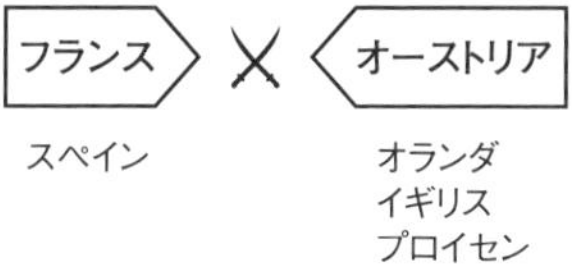

き、孫のフィリップをスペイン国王位に就けたところからはじまる。ルイ14世の強大化を恐れたイギリス、オランダ、オーストリアは対フランス同盟を組み、戦いを優位に進めた。北米大陸でも、英仏は激突、アン女王戦争と呼ばれる。

1713年、ユトレヒトで講和条約が結ばれると、ルイ14世の孫フィリップ5世をスペイン王として認めた。その一方で、イギリスは北米のフランス植民地を獲得、さらにはスペインから地中海の要衝であるジブラルタルとミノルカを得ている。

スペイン継承戦争は、イギリスを新世界で飛躍させる戦いでもあり、世界帝国の座は見えはじめていた。

七年戦争

プロイセン包囲戦争に乗じて、イギリスは北米、インドで覇権奪取

スペイン継承戦争につづく第二次英仏百年戦争は、1739年からジェンキンズの耳戦争、1740年からのオーストリア継承戦争となる。ジェンキンズの耳戦争は、イギリスの奴隷貿易船長ジェンキンズがスペインの官憲に片耳を落とされる事件からはじまり、翌年からはじまったオーストリア継承戦争と絡まった。オーストリア継承戦争は、フリードリヒ2世率いる新興国プロイセンがオーストリアのシュレジェンを奪った戦争で、オース

トリアによる復讐《ふくしゅう》が１７５６年からの七年戦争となる。

七年戦争は、オーストリアの女帝・マリア・テレジアがプロイセン包囲網を形成した戦いである。イギリスはプロイセン側についたものの、七年戦争ではヨーロッパ大陸にはほとんど兵を送っていない。そのため、七年戦争では、プロイセンがオーストリア、ロシア、フランスを相手に単独で戦い、窮地に陥る。

イギリスはプロイセンには資金の援助をするのみであり、もっぱら北米大陸とインドでフランスと戦った。北米大陸での戦いは、フレンチ・インディアン戦争とも呼ばれる。フランスがインディアンの勢力を味方につけ、イギリスに対抗したが、勝利したのはイギリスである。イギリスは、戦後のパリ条約によって、カナダ、ミシシッピ以東のルイジアナ、フロリダをフランスから得ている。

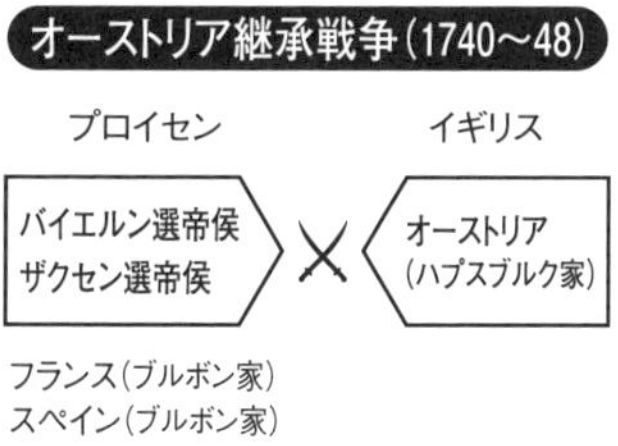

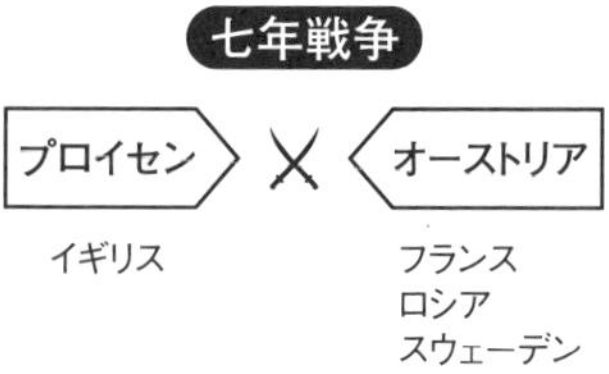

一方、インドでは、すでにムガル帝国が解体期に向かい、その間隙《かんげき》に、イギリスの

東インド会社とフランスが競って勢力を伸ばそうとしていた。両国の対立は、七年戦争にあっては、1757年のプラッシーの戦いとなる。この戦いで、クライヴ率いるイギリス東インド会社軍は、フランスその他の連合軍を打ち破る。フランスはベンガルを根城としていたが、イングランドはこの勝利によって、ベンガルの支配権を確立し、さらに徴税権までも得ることとなる。

七年戦争では、イギリスは北米大陸とインドで宿敵フランスを打ち負かし、北米大陸とインドにおける両国の植民地獲得競争にほぼ決着をつけた。イギリスは世界一の植民地大国となり、世界帝国の座に上り詰めたといっていい。

イギリスの勝利の背景には、すぐれた金融システムがあった。イギリスでは、イングランド銀行が国債を引き受け、これに議会の保障がついた。だから、イギリスは短期に資金を調達でき、戦費とすることができた。しかも、名誉革命によってオランダ人ウィリアム3世がこの国の王となった経緯もあり、当時、金融の中心だったオランダ・アムステルダムからの資金はイギリスに向かいがちだった。オランダからの資金を集めやすかったことも、イギリスに優位に働いた。

ただ、いくらすぐれた資金調達システムをもつイギリスでも、七年戦争は財政を悪化させた。そのため、アメリカ植民地に対する課税を増大させることとなり、アメリカ独立革命を引き起こしてしまう。

奴隷貿易

黒人の犠牲のうえに成り立った砂糖交易

イギリスが第二次英仏百年戦争を勝ち抜いていったとき、植民地は富の源泉となった。とりわけ、ジャマイカをはじめ西インド諸島の産物は、イギリスを潤した。ここで産出されたのは、砂糖である。それまで砂糖は珍しい高級品であったが、西インドのプランテーションにおける生産により、広く行き渡りはじめた。イギリスで人気のコーヒー、紅茶に砂糖は欠かせなかった。

ただ、砂糖プランテーションには大量の労働力が必要である。それも、過酷な労働が待っている。当初は、自国の食い詰め者や現地人を使っていたが、それでは足りなくなる。そこで、ヨーロッパ諸国が目をつけたのは、アフリカ大陸の黒人たちを奴隷として砂糖栽培に利用することだった。イギリスも、17世紀に奴隷貿易に参入、18世紀には奴隷貿易の大国となる。

イギリスが奴隷貿易に大きく踏み込んだのは、スペイン継承戦争後のユトレヒト条約に

奴隷貿易の構造

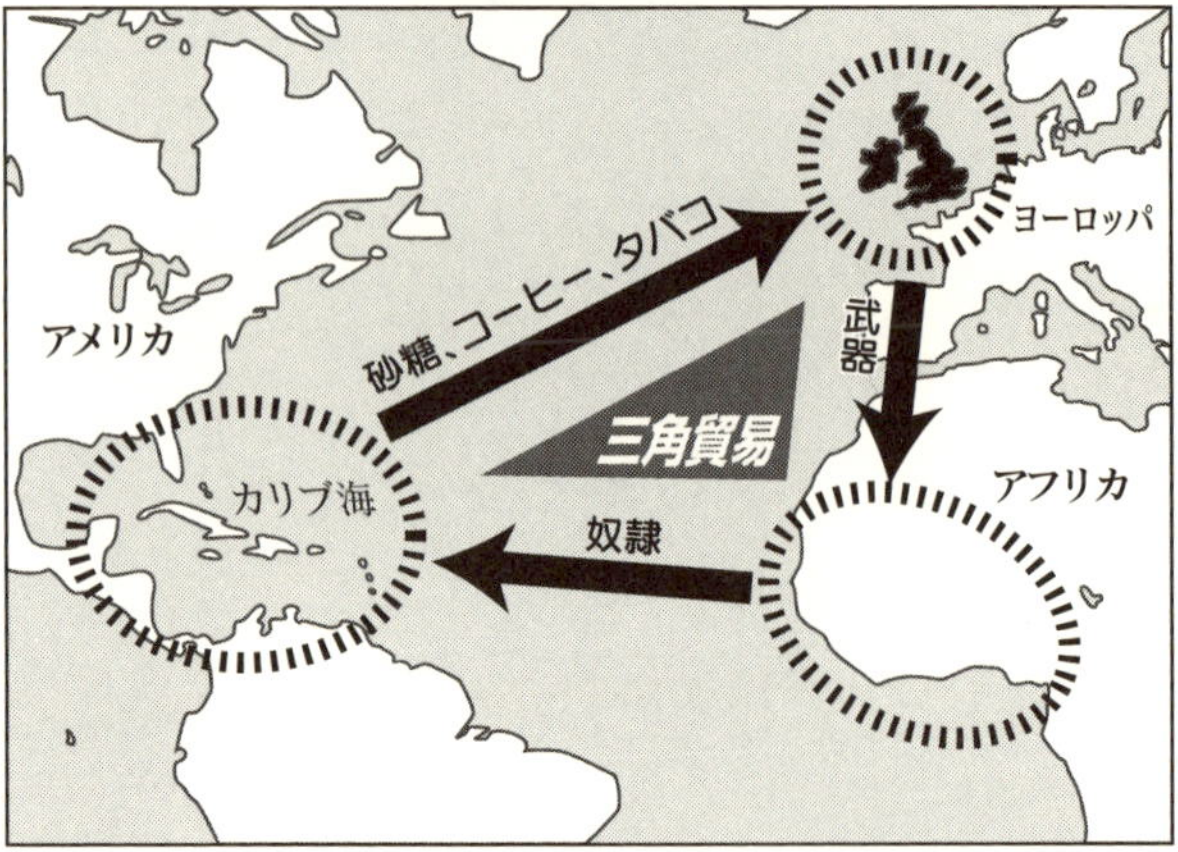

よってである。イギリスはスペインから「奴隷供給独占契約権力（アシエント）」を得て、アメリカ大陸のスペイン植民地とアフリカを結ぶ奴隷貿易をほぼ独占してしまった。

フィリップ・カーティンの推計によると、17世紀、アフリカからイギリス領西インド諸島に渡った奴隷は26万人弱であった。これが18世紀全体では、140万人にも増大しているのだ。

イギリスが生みだしたのは、大西洋における、奴隷貿易、砂糖交易を中心とする三角交易である。イギリスの商人は本国で製造された武器をアフリカの部族に売り、彼らに黒人奴隷狩りをおこなわせ、奴隷を調達する。その黒人を西インド諸島の砂糖プランテーションに売り渡し、プランテーションで得た砂糖を本国に売り、巨利を手にした。

イギリスは奴隷貿易を組み込んで、大西洋交易の覇者となったのだが、それは黒人奴隷を犠牲にしてのものでもあった。黒人奴隷の死亡率は、大西洋の航海中でも、10〜13パーセントにも達していたという。砂糖プランテーションでは、彼らは10年も経たずに、労働者として疲弊《ひへい》する。それだけ黒人奴隷を失っても、なおイギリス側には儲けがあり、奴隷交易をやめられなかったのだ。

たしかに砂糖プランテーションからの砂糖は、ロンドンでコーヒーハウスを発達させた。コーヒーハウスこそは自由な言論と政党、ジャーナリズムの揺籃《ようらん》であったが、それは黒人奴隷の犠牲を土台にしていた。次に述べる産業革命にもまた、そうした一面がある。ただ、イギリスは19世紀になると、奴隷貿易廃止の唱道者にもなる。豊かになった彼らは、人道を自覚しはじめ、ヨーロッパの奴隷貿易の廃止に動いていくのだ。

『産業革命』なぜ、イギリスが先駆者となりえたのか？

18世紀、ハノーヴァー朝のイギリスでは、世界に先駆けて議会政治を進展させていたが、同時に産業革命も始動させはじめている。産業革命の黎明《れいめい》は、マンチェスター周辺での紡績機の改良・発展にあった。1733年、ジョン・ケイの開発した装置によって織布生産

産業革命後のイギリス

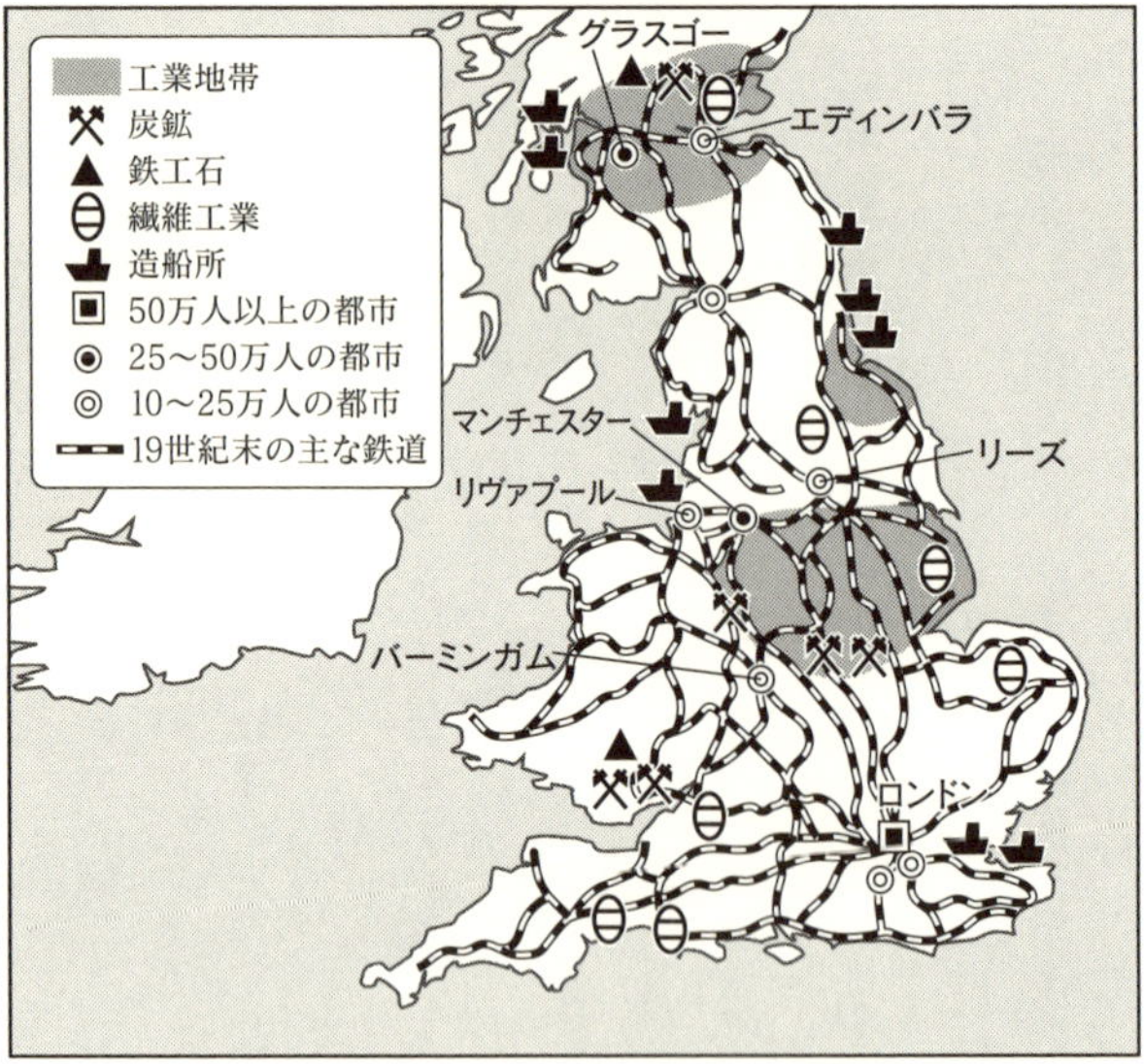

の機械化がはじまり、ハーグリーブスのジェニー紡績機、アークライトの水力紡績機の発明となる。

産業革命を一気に進展させたのは、石炭を使った蒸気機関の発明である。１７６９年、ワットによって蒸気機関の改良が成功する。蒸気機関という内燃機関によって、強い力を安定して供給できるようになった。それは、産業の効率化をもたらした。蒸気機関は紡績産業や炭鉱に採用され、１８２５年にはスティーヴンソンによる蒸気機関車の試作となる。

イギリスで産業革命が進展していったのは、さまざまな理由が重なってのことである。イギリスでは、毛織物工業を中心とするマニュファクチュア（工場制手工業）が発達し、あとはそこに内燃機関が必要なだけだった。

イギリス人が石炭やコークスによる内燃機関を考案したのは、じつは木材の慢性的な不足による。16世紀以降、イギリスの人口は増大し、建築用や燃料として木材の需要が大きくなっていた。木材価格は高騰し、木炭は枯渇《こかつ》してしまった。そんな状況に陥ったことで、イギリスでは石炭、コークスが着目された。とりわけ石炭を内燃機関の燃料としたことで、水力に頼らずとも、大きな力を安定して得ることができるようになったのだ。

イギリスで産業革命が始動しはじめたとき、この国には工業化に必要な資金もあった。砂糖貿易、奴隷貿易という三角交易からの資金、植民地の産物を売った資金が、工業化に投資された。

工業化に必要な労働力もあった。イギリスでは農業技術の革新があり、農村には人が余り、農村人口は都市に向かっていた。彼らは安価な労働力となり、産業革命を進展させたのだ。

イギリスは、1825年まで、産業革命の成果である機械の輸出を禁じていた。おかげで、産業革命と工業化に関しては、イギリスは先行者利益を独占できたのだ。

イギリス文化の疑問に答える 5

なぜ、サッカーのワールド杯では、イギリスから3か国も出場できるのか？

サッカーのワールドカップには、イギリスから、イングランド、スコットランド、ウェールズの3か国が出場する。一方、オリンピックとなると、イギリス代表のみで、スコットランド代表、ウェールズ代表というものはない。

そこには、イギリスにおけるサッカーの歴史が強く働いている。じつのところ、イギリスの国別サッカー対抗の歴史は、国際サッカー連盟（FIFA）の歴史よりも古いのだ。FIFAによるワールドカップの歴史が1930年にはじまるのに対して、イングランド代表対スコットランド代表が史上初めて国際試合をおこなったのは1872年のことである。イギリスには早くから国際対抗試合があり、人気を得ていた。

ワールドカップ開催にあたっては、人気チームの参加が必要となる。だからこそ、イングランド代表、スコットランド代表、ウェールズ代表、アイルランド代表（当時、イギリスの一員）に出場してもらわねばならなかったのだ。

アイルランドの場合、その後、北アイルランドが分離する。それでも、サッカーの代表は、アイルランドと北アイルランドの合同チームになっている。

　同じようなケースは、ラグビーにもある。ラグビーでもまた、イングランド代表、スコットランド代表、ウェールズ代表がそれぞれある。これまた、ラグビーのワールドカップの歴史よりもずっと古い。

　ラグビーの国際試合は、1871年のイングランド代表対スコットランド代表からはじまる。その国際試合に、アイルランド代表、ウェールズ代表も加わり、4か国対抗戦（フォーネーションズ）がはじまる。こののち、フランスが加わり、5か国対抗戦となり、2000年からはイタリアの加入によって、6か国対抗戦となっている。

ロビン・フッドは、ノルマン人への抵抗の物語だった？

　ロビン・フッドといえば、中世、イングランドで暴れた義賊として知られる。ノッティガムのシャーウッドの森に住む暴れん坊たちの頭目であり、悪い為政者と戦う義賊として伝えられるが、ロビン・フッドは実在の人物ではない。

　ただ、ロビン・フッドの物語は、何もないところから生まれた伝承ではない。ロビン・フッド伝承の生まれた背景には、11世紀の「ノルマン・コンクェスト」がある。ウィリアム1世の征服によって、イングランドはノルマン人諸侯の天下となり、ノルマン人諸侯に土地を奪われた者は少なくなかった。彼らはノルマン朝の支配を恨み、戦いもした。そんななかから、ロビン・フッドの像が形づくられていったと思われる。

ノルマン朝が途絶えたのちも、イングランドから悪逆な王が登場している。彼らに対する抵抗の象徴が、ロビン・フッドとなったのだ。アーサー王伝説が、アングロ＝サクソン人に追われたブリトン人から生まれたように、ロビン・フッド伝説は、ノルマン朝に屈したイングランド住人から生まれていたのだ。

6章

アメリカの独立からヴィクトリア女王の栄光まで

世界帝国を完成させたパクス・ブリタニカの時代

本章で扱う時代のおもな出来事

ハノーヴァー朝	1775	アメリカ独立戦争がはじまる（〜83）
	1776	アメリカ独立宣言
	1781	ヨークタウンの戦い
	1789	フランス革命の勃発
	1793	第1回対仏大同盟
	1799	第2回対仏大同盟
	1801	アイルランド併合
	1805	第3回対仏大同盟
	1815	ワーテルローの戦い
	1820	ジョージ4世即位
	1829	カトリック教徒解放法
	1830	ウィリアム4世即位
	1837	ヴィクトリア女王即位
	1840	アヘン戦争がはじまる
	1856	アロー戦争がはじまる
	1857	インド大反乱（シパーヒーの乱）
	1875	スエズ運河株式会社を買収
	1899	南アフリカ（ボーア）戦争はじまる（〜1902）

アメリカの独立

連戦連勝だったイギリスの久々の蹉跌

18世紀、ハノーヴァー朝のイギリスは、戦えば、たいてい何かを獲得する常勝国と化していたが、1770年代、思わぬ挫折を経験する。それが、アメリカ独立革命だ。

アメリカ独立革命は、イギリスの勝ちすぎたツケ、とくに七年戦争でフランス相手に大勝利したツケが回ってきたようなものだ。まず、イギリスを当時、困らせていたのは、七年戦争による財政の悪化である。北米大陸、インドでフランスを相手にした戦いのため、イギリスは戦費を国債で賄《まかな》った。戦後、勝利したとはいえ、イギリスには1億3000万ポンドの借金が残っていたのだ。

ここで、イギリスは借金返済の原資を得るため、アメリカ植民地への課税を増やしたのだ。まずは外国から輸入される砂糖に課税、つづいて印紙法を制定する。これは、植民地で発行される新聞、パンフレット、トランプにまで印紙を貼らせて、印紙収入の増大を狙ったものだが、植民地から多大な反感を買うことになった。

植民地側は、「代表なくして課税なし」と抗議。これによりイギリスは印紙法を廃止したが、今度はタウンゼント諸法を制定、ガラスや紅茶への課税を決めた。さらには、茶法

アメリカ独立への道のり

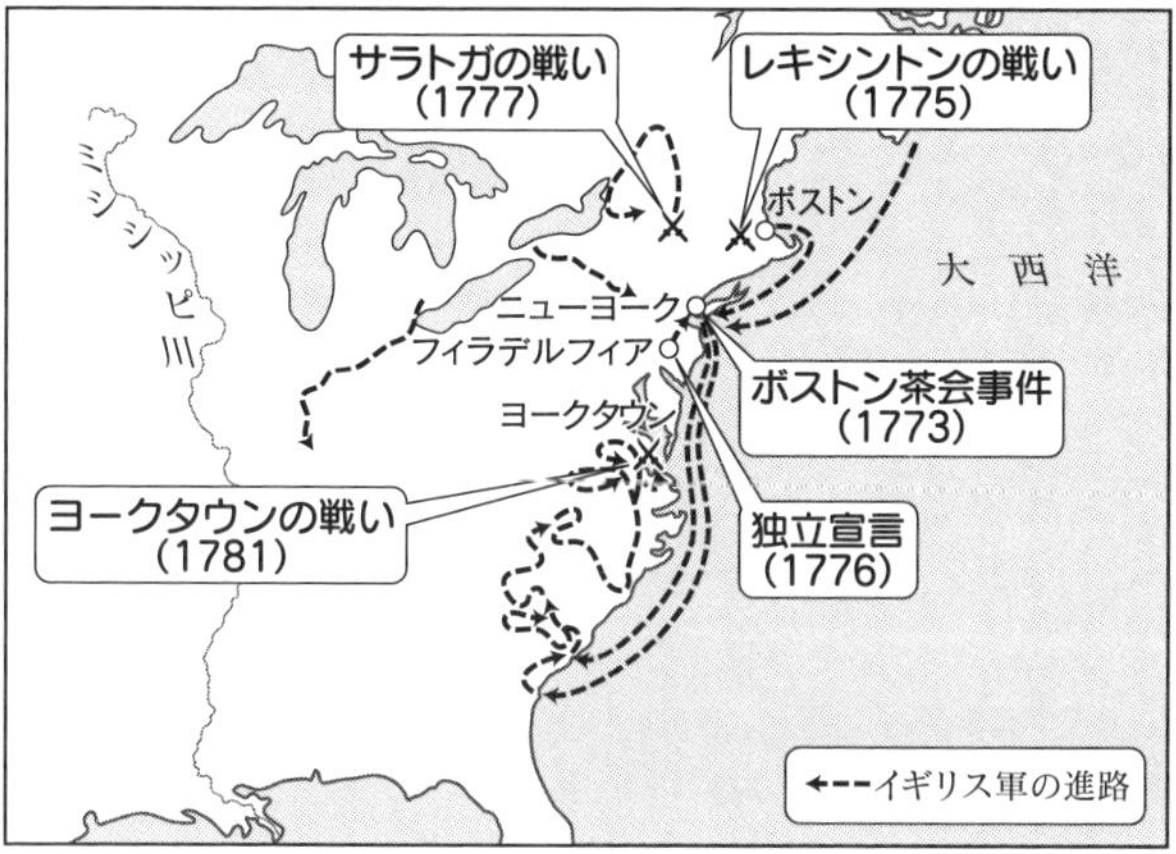

によって、イギリス東インド会社にかぎり、アメリカへ輸出する茶の税を免除した。これらの法に対する怒りが、1773年のボストン茶会事件(ボストン=ティーパーティ)となる。植民地の急進派は、インディアンに変装し、ボストン港にある東インド会社の船を襲撃、積み荷である茶を海に投げ込んだのだ。

この事件を経て、イギリス本国と植民地の対立はさらに深刻化、1775年から武力衝突となり、アメリカ独立戦争がはじまった。

イギリスは3万人の兵を送り込み、対する植民地側の兵力は民兵中心であり、1万2000人程度にすぎなかった。にもかかわらず、イギリスは初期の優勢を維持できず、1777年、サラトガの戦いで大敗を喫する。

じつのところ、植民地側はヨーロッパから援軍を得ていたのだ。フランスの貴族ラファイエット、プロイセンの軍人シュトイベン、ポーランドのコシューシコらが植民地側に加わり、とくにシュトイベンは戦争のプロとして、植民地側の戦闘能力を向上させた。

サラトガでのイギリスの敗戦は、状況をさらに、植民地側を有利にした。フランスが植民地側に与《くみ》して参戦、つづいてはスペインも植民地側に立って参戦した。情勢は植民地側に優位に動き、1781年、ヨークタウンの戦いで、イギリス軍はフランス・植民地連合軍に降伏する。イギリスは、1783年、パリ条約によってアメリカの独立を承認せざるをえなかった。

ヨーロッパの勢力が植民地側を支援したのは、たしかに植民地への同情や共感もあっただろうが、もうひとつ、イギリスへの反感もあった。イギリスは、勝ちすぎていた。常勝のイギリスに一撃を加え、足を引っ張りたい。とくにフランスやスペインの参戦にはそうした面が強く、イギリスはアメリカを失ったのだ。

ナポレオン戦争
イギリスの強大な海軍力が、ナポレオンをつまずかせた

アメリカ独立革命で敗れたイギリスには、つづく苦難が待っていた。1789年、フラ

ナポレオン戦争時代のヨーロッパ

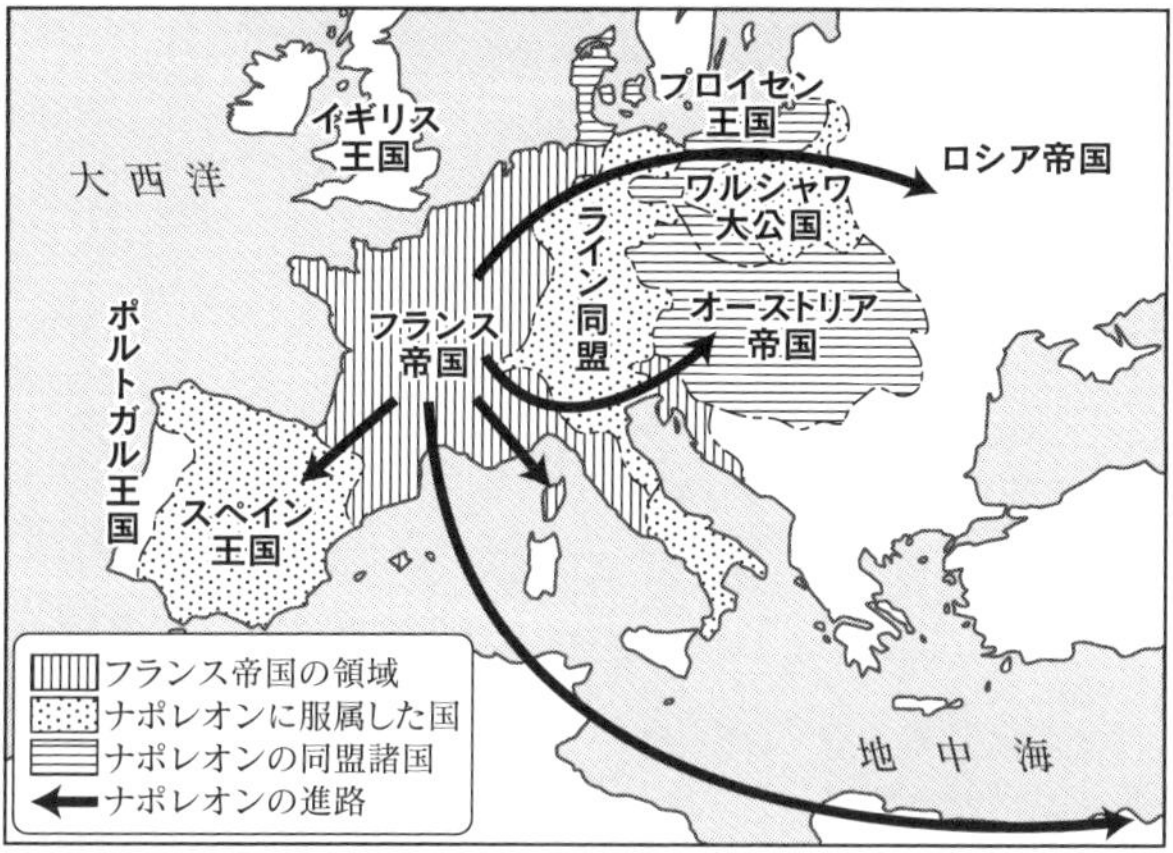

ンス革命が勃発、革命はやがて急進化し、フランス国王ルイ16世が処刑される。イギリスは当初、フランス革命に好意的でさえあったが、急進化と侵略性を警戒しはじめる。1793年、イギリスのピット首相はオーストリア、プロイセン、オランダ、スペインなどに呼びかけ、対仏大同盟を結成、フランス革命に対して干渉戦争に乗り出す。

その対仏大同盟を崩壊させたのは、台頭したナポレオンである。ナポレオンはイタリア遠征でオーストリア軍を撃破、オーストリアと和約を結ばせたのだ。ここから先、イギリスはナポレオンという世紀の軍事的天才との対決を余儀なくされたのだ。

ナポレオン対イギリスの第1ラウンドは、エジプトでおこなわれる。ナポレオンは、イギリスと植民地インドを結ぶ要衝・エジプトを占領してみせた。これに対抗したのが、ネルソン提督率いるイギリス海軍であり、アブキール湾でフランス海軍を撃滅、ナポレオンをエジプトで孤立させている。

少人数でエジプトを脱出したナポレオンは、フランス国内で全権を掌握《しょうあく》、1802年にはイギリスとアミアンの和約を結んだ。ただ、その休戦期間は長くはつづかなかった。1804年、ナポレオンは皇帝となり、ヨーロッパ征服の野望をたぎらせるようになる。これに対して、イギリスではピットが首相となり、第3回対仏大同盟を結成する。

ナポレオンにとって、もっともうるさい敵はイギリスである。彼は、イギリスを黙らせるべく、イギリス上陸作戦を計画する。これに対して、イギリスのネルソン提督は、トラファルガーの海戦でフランス・スペイン連合艦隊を打ち破る。戦いでのさなか、ネルソン提督は戦死するが、ナポレオンにイギリス侵攻作戦を断念させている。ネルソンこそは、イギリス史最大の英雄とされる。陸では常勝将軍のナポレオンであったが、海ではイギリスの強力海軍相手には攻略の術《すべ》をもたなかった。

ナポレオンは、対イギリス作戦でこそつまずいたものの、その後、アウステルリッツの戦い、イエナ・アウエルシュタットの戦い、アイラウの戦いなどに勝利、ヨーロッパの大部分を支配下に置いた。オーストリア、プロイセン、ロシアがナポレオンに屈したヨーロッパで、唯一、ナポレオンに対抗しうるのは、イギリスのみとなっていた。

イギリスを倒せば、ナポレオンによるヨーロッパの支配は完成しよう。だが、イギリス海軍が健在であるかぎり、イギリスを制するのは不可能に近い。そこでナポレオンが構想したのはベルリン勅令（大陸封鎖令）である。ナポレオンは、大陸諸国にイギリス相手の貿易と通信を禁じた。兵糧攻めにすることで、イギリスを屈伏させようとしたのだ。

これが裏目に出た。彼は、イギリスの巨大な経済浸透力を見誤っていた。イギリスは、工業大国としてヨーロッパ諸国に安価な工業製品や生活必需品を輸出していた。ヨーロッパ諸国は、それを入手できなくなったのだ。加えて、イギリスへの穀物輸出で稼げなくなってしまったのも、打撃だった。大陸封鎖令によって困ってしまったのは、プロイセンやロシアのほうだった。

大陸封鎖令はヨーロッパ諸国を苦しめ、ナポレオンから離反する動きが出はじめる。ロシアは大陸封鎖令を破り、イギリスとの貿易を再開した。ナポレオンはロシアを制裁すべく、運命のロシア遠征をはじめる。モスクワを制圧したナポレオンを待っていたのは、ロシアの過酷な冬である。フランス兵は飢えと凍傷に倒れ、無敵だったフランス軍は潰走《かいそう》しはじめる。

ナポレオンの敗北に、ヨーロッパ諸国は打倒ナポレオンに向かう。イギリス、プロイセン、オーストリア、ロシアらは対仏大同盟を組み、ライプチヒの戦いでナポレオンの軍を正面から破る。その後、ナポレオンは最後の巻き返しを狙い、これが1815年のワーテルローの戦いとなる。ワーテルローの戦いでは、イギリスのウェリントン将軍、プロイセンのブリュッヘル将軍が踏ん張り、またもナポレオン軍を撃破する。ナポレオンは南大西洋の孤島セントヘレナに流され、イギリスにとって最大の脅威となったナポレオンの時代は終焉《しゅうえん》した。

これにより、第二次英仏百年戦争も終わりを告げ、イギリスはフランスを完全に押さえ込んだのだ。

イギリス海軍
世界帝国の繁栄を支えた機動力と火力

ナポレオン戦争が終結してのち、明らかになったのが、イギリス海軍の圧倒的な優位である。ナポレオン戦争がはじまるまで、ヨーロッパ諸国の海軍のなかで、イギリスは最強ではあっても、圧倒的とまではいえなかった。フランス、スペインの海軍がイギリスに対抗しようとしていた。だが、トラファルガーの海戦によって、イギリス艦隊の前に、フランス、スペインの艦隊は壊滅してしまう。ナポレオン戦争が終わったとき、イギリス海軍はヨーロッパ世界で突出し、圧倒的な優越を確保することになったのだ。

イギリス海軍の恐ろしさをヨーロッパ諸国に思い知らせたのは、コペンハーゲン攻撃である。ナポレオン戦争のさなか、イギリスはフランス側についたデンマークを制裁すべく、艦隊をコペンハーゲン沖に差し向けた。イギリス艦隊の砲撃は、コペンハーゲンの街を火の海にしてしまったのだ。

戦争が起きたとき、イギリスが得意とするのは海上封鎖である。イギリス海軍は敵対国の港にまで進出、敵対国の船舶が外海に出られないよう、封じてしまう。海上封鎖によって、イギリスは敵対国をジリジリと追い詰めていけるのだ。

イギリスは19世紀を通じて、東アジア、東南アジア、インド、アフリカに巨大な勢力圏を築いていく。その根源には、圧倒的な海軍力があったのだ。イギリスに制海権を奪われた国は、その首都までがイギリス艦隊の砲撃にさらされかねない。イギリスは、海軍を使って恫喝《どうかつ》を重ねていったのだ。

イギリスは、19世紀を通じて、海軍力の挑戦を受けることはなかった。イギリスは、世界2位、世界3位の海軍国が束になってかかっても、撃破するだけの艦隊を維持してきた。ゆえに、イギリスは世界で圧倒的な存在になりえたのだ。

また、イギリス海軍は、奴隷貿易廃止の現場監督の役割を果たしている。19世紀、イギリスの主導でヨーロッパ諸国は、奴隷貿易廃絶に動く。このとき、ヨーロッパ船を監視し、奴隷貿易船を摘発していったのが、最強のイギリス海軍の艦船だったのだ。

アイルランド併合

なぜ、ナポレオン戦争の最中に併合したのか?

ナポレオン戦争に突入していくなか、イギリスが踏み切ったのは、アイルランドの併合である。これまで、イギリスはさんざんアイルランドに侵攻し、アイルランドを半ば植民地か属国かのようにしていた。そして、1801年、正式に併合、大ブリテン＝アイルランド連合王国が成立した。

イギリスがアイルランド併合に進んだのは、アイルランド独立の運動が大きくなりはじめていたからだ。そこには、アメリカ独立革命とフランス革命の影響がある。アメリカ独立革命は、アイルランド人にイギリスからの完全な独立の夢を与えたし、フランス革命にも刺激された。独立を志向する急進派は、革命フランスと提携、1798年にはアイルランド各地で蜂起しはじめた。

イギリス政府は、アイルランドの動きにあわてた。ただでさえナポレオンという強大な脅威が眼前にある。ここでアイルランドがフランス側について独立運動を激しく展開するなら、イギリスはナポレオンに立ち向かうどころではなくなる。そこで、イギリスは国内、さらにはアイルランドにおける反対派を押さえ込み、アイルランド併合法案を通過させたのだ。

最大の問題となったのは、宗教問題である。イギリスが反カトリックの国であるのに対して、アイルランドにはカトリックが多い。イギリスには、イギリス国教会信者以外は公職には就けないという審査法がこの時代にも残っている。両国が合同するなら、どうしてもアイルランドのカトリックは不当な差別を受けやすい。これに対して、イギリスはカトリックの解放へ努力することを約束、アイルランド側をなんとか納得させたのである。

だが、併合以後、アイルランドのカトリックが平等に扱われることはなかった。イギリスの国王ジョージ3世や一部の政治家が反対したため、アイルランドのカトリックは差別された。併合後も、アイルランドでは不満がくすぶることになったのだ。

カトリック解放

フランス革命後、イギリスの刷新がはじまった

フランス革命については、現在、その暴力性、不寛容に疑問も投げかけられているが、ヨーロッパの政治に大きな影響を残した。フランス革命の理念を広めたナポレオン戦争後、ヨーロッパでは自由や平等を求める要求が強くなる。イギリスも例外ではなく、イギリスも自由、平等に向けて改革を進めていく。

そのひとつが、カトリック解放である。すでに述べたように、イギリスにはイギリス国教会信者しか公職に就けないという審査法という、差別が長くあった。アイルランド併合前にもこの審査法が問題となっていた。イギリスは、これに手をつけざるをえなくなる。

イギリスに併合されたアイルランドでは、カトリック解放を目指して、カトリック協会が生まれていた。そしてカトリック協会の指導者オコンネルが議会に当選したのだが、イギリス議会は審査法をもとにこれを拒否したのだ。ここにきて、審査法が時代後れになっている認識は広がり、旧態依然の議会は批判を浴びた。トーリの激しい反対があったものの、1828年、審査法は廃止となる。翌1829年、カトリック教徒解放法が制定され、カトリックでも公職に就けるようになった。これにより、イギリス国内の宗教対立は表向

きは解決された。

つづいては、選挙改革である。イギリスには、19世紀初頭には、「腐敗選挙区」が生まれていた。腐敗選挙区とは、有権者の数に比べて議員定数の多い選挙区のことであり、産業革命がもたらしたものだ。産業革命後、イギリスでは都市への人口移動が大きく、そのため、過疎化が進み、有権者のほとんど住んでいない選挙区さえもが生まれていた。そこから、1832年、第1回選挙法改正がおこなわれ、腐敗選挙区が廃止された。

ただ、この時代、イギリスにあっても、労働者には選挙権が与えられていない。労働者が選挙権を得るべく生まれたのが、チャーティスト運動である。労働者は「人民憲章（ピープルズ・チャーター）」を制定、普通選挙を求めたが、これは挫折に終わっている。

また、ヨーロッパの1848年は、革命の季節にあった。フランスはじめ各国では革命騒動が起きたが、イギリスではそうした騒動はさほどでなかった。すでにイギリスは立憲君主制度を定着させ、政治改革をおこなってきたから、革命とは無縁でいられたのだ。

穀物法撤廃

規制を伴う重商主義から自由貿易主義に転じたイギリス

19世紀前半、イギリスでは政治改革を進行させるとともに、自由貿易主義に転換をはじめている。イギリスは、16世紀以来、長く重商主義的な政策を進めてきた。その典型が、17世紀中盤、クロムウェルの時代に定められた航海法である。航海法の狙いはオランダ商船の中継ぎ貿易からの締め出しであり、イギリスに利する貿易の構築を企図した。

また、ナポレオン戦争が終わると、イギリスは穀物法を制定する。ナポレオン戦争時代、ナポレオンの発した大陸封鎖令によって、ヨーロッパからイギリスへの安価な穀物輸出が止まってしまった。これに対処するため、イギリスの地主たちが耕作地を広げていたが、ナポレオンが没落すると、ふたたび安価な穀物がヨーロッパ大陸からイギリスに流入するようになる。イギリスの地主たちは悲鳴をあげ、彼らを守るため、穀物法を制定した。穀物価格が一定以上に下落した場合、輸入穀物に関税をかけることにしたのだ。

だが、時代は変わった。産業革命を背景にイギリスの工業は大きく成長し、国際競争力をもっていた。そんななか、重商主義的な政策を取り続けるのは、一部の者のみに利するだけで、かえって経済全体の成長を阻害しかねない。そこから、自由貿易主義の流れが生まれはじめていた。こうして、1846年、穀物法が撤廃され、1849年、航海法も廃止された。

ただ、イギリスの自由貿易主義は、つねに力を伴ったものだった。穀物法撤廃以前、イギリスは清帝国に自由貿易を押しつけようとし、それが後述するアヘン戦争にもなっている。イギリスは自慢の艦隊の大砲によって、嫌がる国にも自由貿易を強制することができたのだ。その手法は、「自由貿易帝国主義」とも呼ばれる。

こうしてイギリスが自由貿易主義に舵を切ろうした時代は、それはヴィクトリア朝時代のはじまりでもあった。1837年、伯父のウィリアム4世が死去すると、ヴィクトリアが18歳で女王に即位した。それ以前、ジョージ4世は58歳、ウィリアム4世は65歳で即位し、イギリスには老王がつづいていた。そんななか、かつてのエリザベス1世を思わせるような若い女王が即位した。イギリスの全盛期となるヴィクトリア女王の時代は、改革からはじまっていたのだ。

グラッドストンとディズレーリ

ヴィクトリア女王時代を支えた2大政治家の対決

ヴィクリア女王の時代、イギリスの議会政治はさらに進展する。この時代に、二大政党政治が展開されている。ホイッグは自由党、トーリは保守党と名を変え、自由党と保守党は議会で対決した。自由党を代表したのがグラッドストン、保守党の党首となったのがディズレーリである。

グラッドストンとディズレーリのふたりの考えは、まったく異なっていた。グラッドストンは、国際協調を求める平和主義者であり、彼は人道も重んじた。その立場は、「小英国主義」というべきものである。彼は帝国主義的な植民地の領有に反対の立場であった。植民地支配は、インド支配のようにいつも成功するわけではない。植民地の獲得・維持はイギリスの財政を疲弊《ひへい》させるものとして、彼は植民地政策には否定的であった。彼は、アイルランドの自治についても認める方向に動いていた。

謹厳実直《きんげんじっちょく》なグラッドストンは、国民に愛される存在であった。彼は、ミュージック・ホール（大衆演芸ホールのようなもの）では、「G・O・M（グランド・オールド・マンの略、偉大な老人）」と呼ばれ、多くの支持を集めた。

一方、ディズレーリは、帝国主義者であった。彼はイギリスの海外での権益の拡大に目端がきき、つねにチャンスをうかがっているところがあった。彼は大言壮語《たいげんそうご》を吐き、派手な服装で人の目をひくことに長けた。

彼はユダヤ系の血をひくため、高度な教育を受けることはなかった。当時のイギリス社会では、ユダヤ人が高等教育を受けるのはむずかしかったのだ。彼は独学で投資して失敗したのち、政治小説作家を経て、政界に入っている。

ディズレーリの強みは、ヴィクトリア女王のお気に入りだったところだ。彼の才気を、女王は愛したのだ。

とくに晩年のヴィクトリア女王にとって、ディズレーリは欠かせない慰め役だった。1861年、彼女は夫のアルバートを失う。失意の彼女は喪《も》に服したまま、公務を拒否するようになっていた。公務の拒否には国民からも反発があり、ディズレーリはヴィクトリア女王を説得し、彼女を公務に戻した。ディズレーリはその機知によって彼女を慰め、喜ばせ、ヴィクトリア女王の時代はディズレーリあってのものといってもいい。

それゆえに、ディズレーリのライバルであるグラッドストンは、女王に煙たがられ、協力を得られなかった。19世紀のイギリスが帝国主義の覇権国家となりえたのは、女王に愛されたディズレーリがあったからでもある。

ジャガイモ飢饉

アイルランド人の憎悪を極限までに高めたイギリスの無慈悲

イギリスはアイルランド併合後、アイルランドのカトリックを差別しないよう、カトリック解放をおこなった。そうした政治的努力は、1840年代の危機で完全に打ち消されてしまう。1840年代後半、アイルランドでジャガイモ飢饉が起きると、イギリスは無慈悲な簒奪者《さんだつしゃ》も同然になっていたからだ。

ジャガイモは、南米大陸からヨーロッパに持ち込まれた植物で、寒冷地での栽培にも適し、栄養価が高い。ジャガイモ食を積極的に推し進めることでドイツは飢餓から解放され、大国への道を模索できた。アイルランドでも、18世紀にはジャガイモ栽培が広くおこなわれるようになり、やがてアイルランド人はジャガイモ食に依存するようになっていた。

そんななか、ヨーロッパではウイルス性の立枯病《たちがれびょう》にジャカイモがやられ、飢饉がはじまる。アイルランドも例外ではなく、1845年から大飢饉に襲われた。飢饉は数年間もつづき、イギリス政府の対策はほとんど無力であった。飢饉にあっても、アイルランド産のわずかなジャガイモは、輸出に回され、イギリス政府がこれを止めることもなかった。イギリス政府がアイルランドにトウモロコシを供給しはじめたころ、すでにアイルランドでは多くの餓死者が出ていたのだ。

アイルランドの人口は、1841年には800万人を超えていた。それが飢饉によって、100万人以上の餓死者が出た。それだけではない。飢餓の島に暮らしつづけることは死を待つようなものであり、アイルランドを離れる者が続出した。それは難民のようなものでもあり、その数は100万人を超える。

アイルランドの大飢饉は、アイルランド人の目には、イギリス人の無慈悲が餓死者を増大させたように映った。飢饉以後、アイルランド人のイギリスを見る目には憎悪に近いものが交じるようになった。世界各地に移民したアイルランド系にも、そうした悪感情は残り、20世紀、アメリカ政府もそうしたアイルランド系移民の心情を付度《そんたく》している。

また、大飢饉によって餓死したのは、アイルランド語を話す高齢者が多かった。彼らが多く死んでしまったがために、アイルランド語の継承者は少なくなり、アイルランドで英語が浸透することにもなったのだ。

アヘン戦争
最大最強の大物「清帝国」を打ち破る

ヴィクトリア女王の時代、イギリスは東アジアで大きな地位を築く。すでに、それ以前、イギリス東インド会社は、東南アジアに進出していた。17世紀前半、東南アジアでイギリスはオランダに敗れ去っていたが、18世紀末からオランダを圧倒しはじめた。イギリスはマラッカ、シンガポールという海上交通の要衝を獲得、インド洋から東南アジアにかけての制海権を握った。そして、東アジアでも巻き返しとなる。

東アジアでイギリスの最大の貿易相手国となったのは、清帝国であるが、清相手の貿易はイギリスにとって、厳しいものだった。というのも、ひとつには、清帝国が交易を広州1港にかぎっていたからだ。しかも取引できるのは、「公行《こうこう》」と称する清帝国指定の少数の特権商人のみだったから、イギリス側の不満が溜まった。状況を打開すべく、イギリスは使節としてマカートニーやアマーストを派遣し、自由貿易を求めたが、清帝国側はけんもほろろの扱いであった。イギリスの使者は清皇帝の前では、「三跪九叩頭拝《さんききゅうこうとうはい》」という屈辱的な礼を要求された。

清帝国は、完全にイギリスを見下ろしていた。満洲より勃興《ぼっこう》した清は、17世紀の後半から3代130年にわたる傑物皇帝の時代を通じて、準世界帝国を形成していた。いかにイギリスがインド以東で覇権を得ようと、清はイギリスを蛮国程度に扱っていた。地大物博を誇る清帝国は、イギリスの商品になんの魅力も感じていなかった。

それでもイギリスが清帝国に食い込まざるをえなかったのは、清の茶を欲していたからだ。イギリスに紅茶文化が根付くほどに、清の輸出する茶は魅力だった。イギリス側は清に売る商品がないから、イギリスの対清貿易は完全に赤字となり、決済となる銀の確保に追われる始末であった。

窮《きゅう》したイギリスの対清貿易打開の秘策が、アヘン貿易である。イギリス支配を確立して

アヘン戦争とアロー号事件

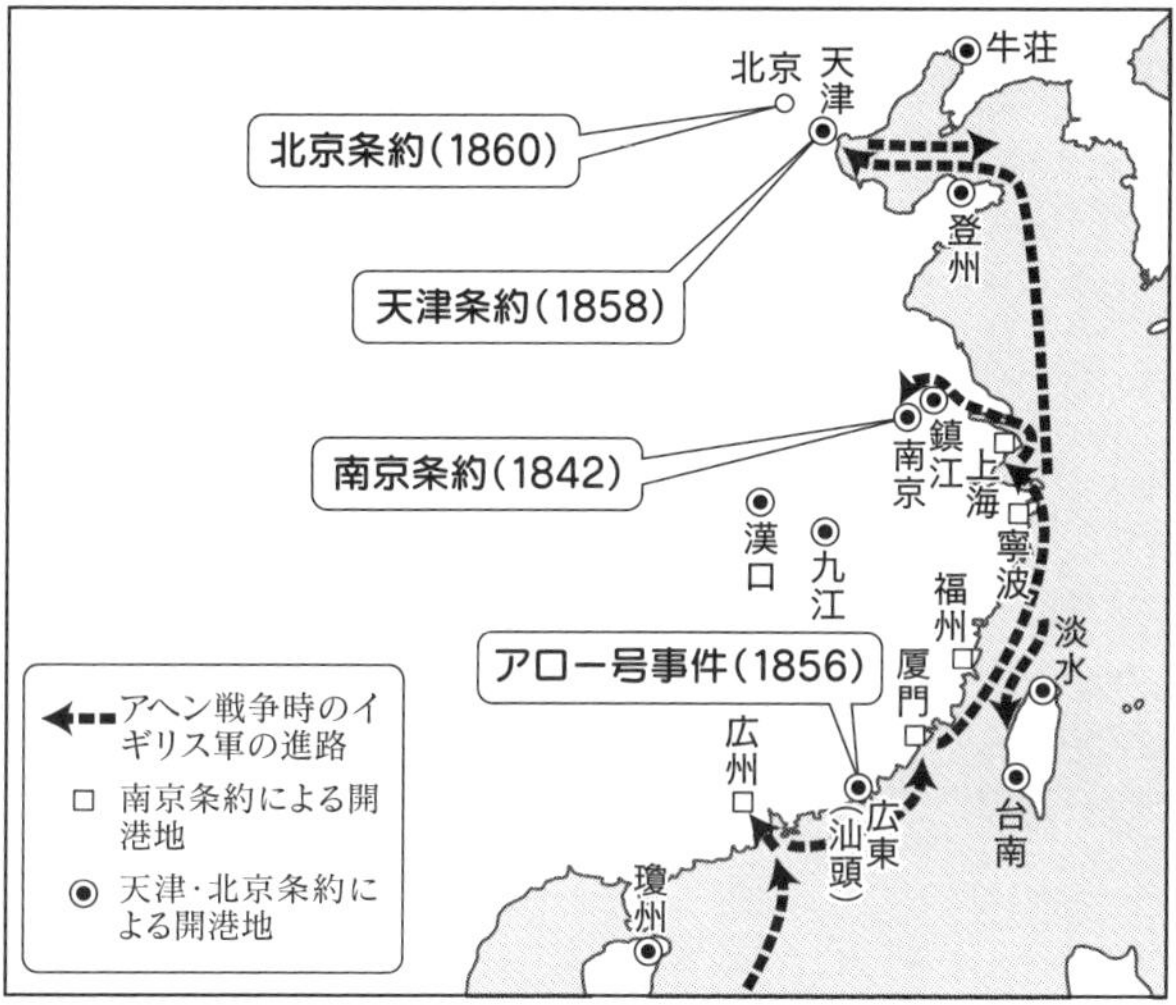

いるインドにあって、イギリスはアヘン製造をはじめ、これを中国に売りつけはじめた。アヘンは常習性を伴う。清帝国ではアヘンの吸引を禁じていたが、急速に吸引の習慣は広まり、ついには清帝国側が多額の貿易赤字を出すに至った。

こうした状況にあって、清帝国は全権をもつ欽《きん》差《さ》大臣に林則徐《りんそくじょ》を任命、彼はアヘン２００箱を没収する。林は、アヘン貿易をやめないかぎり、一般貿易も断絶する旨をイギリスへと通告した。

清帝国の通告は現代の視点からすれば当然至極なのだが、イギリスはここで武力に訴えた。１８４０年、イギリスは中国に派兵、これがアヘン戦争となる。

アヘン戦争では、イギリス海軍の機動力が清帝国を圧倒する。海軍は、陸軍と違い、恣《し》意《い》的に攻撃地点を選べるから、清の陸軍は後手後手に回り、イギリス軍はついには天津に迫る。北京陥落の危機を悟った道光帝《どうこうてい》は停戦を選び、1842年に南京条約が結ばれた。南京条約では、イギリスは香港島を割譲《かつじょう》させ、完全な自由貿易化を認めさせた。

アヘン戦争は、東西の横綱対決ともいえた。西の横綱イギリスは東の横綱をいとも簡単に打ち破り、東アジアで大きな権益を得ようとしていた。これにもっとも衝撃を受けた国は日本であり、江戸幕府の老中・水野忠邦《ただくに》は天保《てんぽう》の改革を始動させている。

アロー号戦争
中国大陸を収奪の場にしはじめたイギリス

アヘン戦争に勝利したイギリスだが、戦後の清帝国との交易は、イギリスの想定したものにはならなかった。イギリスは、戦後の自由貿易によって、中国の完全な市場化を狙っていた。これに対して、清帝国は相変わらず排外的な姿勢であり、交易の伸びは期待以下であった。そこから、イギリスはもう一度、清帝国を武力で叩く機会を狙う。

そこに、1856年、アロー号事件が起きる。イギリス船籍を主張するアロー号が海賊の容疑で清朝の官憲に捕まり、イギリス国旗に侮辱《ぶじょく》が加えられたという事件だ。これをきっかけに、イギリスはフランスを誘って、清に派兵する。これが、アロー号戦争だ。ただ、戦争の原因となったアロー号事件は、イギリス側の言いがかりでしかない。事件の時点で、アロー号はイギリス船籍ではなく、イギリス国旗に侮辱を加えられた話も疑わしい。アヘン戦争はイギリスの悪質な交易からはじまったが、つづくアロー号戦争もイギリス側に正義のない戦争となってしまっていた。

アロー号戦争では、アヘン戦争同様、イギリス・フランス連合軍は天津に迫った。窮した清は、1858年、イギリス、フランス相手に天津条約を結ぶ。条約では各国大使の北京駐在、キリスト教宣教師の保護が盛り込まれたうえ、アヘン貿易の合法化までが取り決められた。

戦争は、これで終わらなかった。清軍は、条約批准《ひじゅん》のために北京に向かう英仏両国の公使の乗った船を砲撃した。これにより戦争は再開、英仏連合軍は北京になだれ込んだ。英仏の兵士らは、離宮・円明園を襲い、掠奪《りゃくだつ》、破壊する蛮行にはしった。このあと、清とは北京条約を交わし、九龍《クーロン》半島の一部までも割譲させている。

アロー号戦争の勝利によって、イギリスは中国を食い物にしはじめ、他のヨーロッパ諸国も中国に襲いかかりはじめる。アロー号戦争に怯えた徳川幕府は、日米修好通商条約の締結を余儀なくされ、以後、日本は攘夷《じょうい》と討幕に向かっていく。

アロー号戦争ののち、イギリスは幕末の日本にも介入しはじめ、薩摩《さつま》とは薩英戦争を戦っている。薩英戦争では、無敵のはずのイギリス艦隊が損害を受けた。これを機にイギリスは薩摩の力を認め、薩摩のパートナーとなる。イギリスの助力を得て、薩摩は討幕の決意までするようになったのだ。

また、イギリスは19世紀半ば、インドに隣接するミャンマー（ビルマ）の植民地化を目指し、三次にわたるイギリス・ビルマ戦争を起こしている。結果、コンバウン朝を打ち倒し、イギリス領インドの一部にしてしまった。イギリスは国王一族を島流しにしている。また山岳民であるカチン族やモン族を警官に採用し、平地のビルマ人を押さえつけさせた。この統治が、いまもミャンマーに禍根《かこん》を残している。

さらに、イギリスはすでに拠点としていたシンガポールを中心に、マレー半島やブルネイも勢力圏に入れ、これらはイギリス領マラヤの名でも呼ばれるようになっていた。

インド帝国の成立
シパーヒーらのおこした大反乱を契機に、ムガル帝国を滅ぼす

19世紀のイギリスにとって、インドは最大の「金のなる木」となっていた。もともとイ

イギリスのインド植民地化

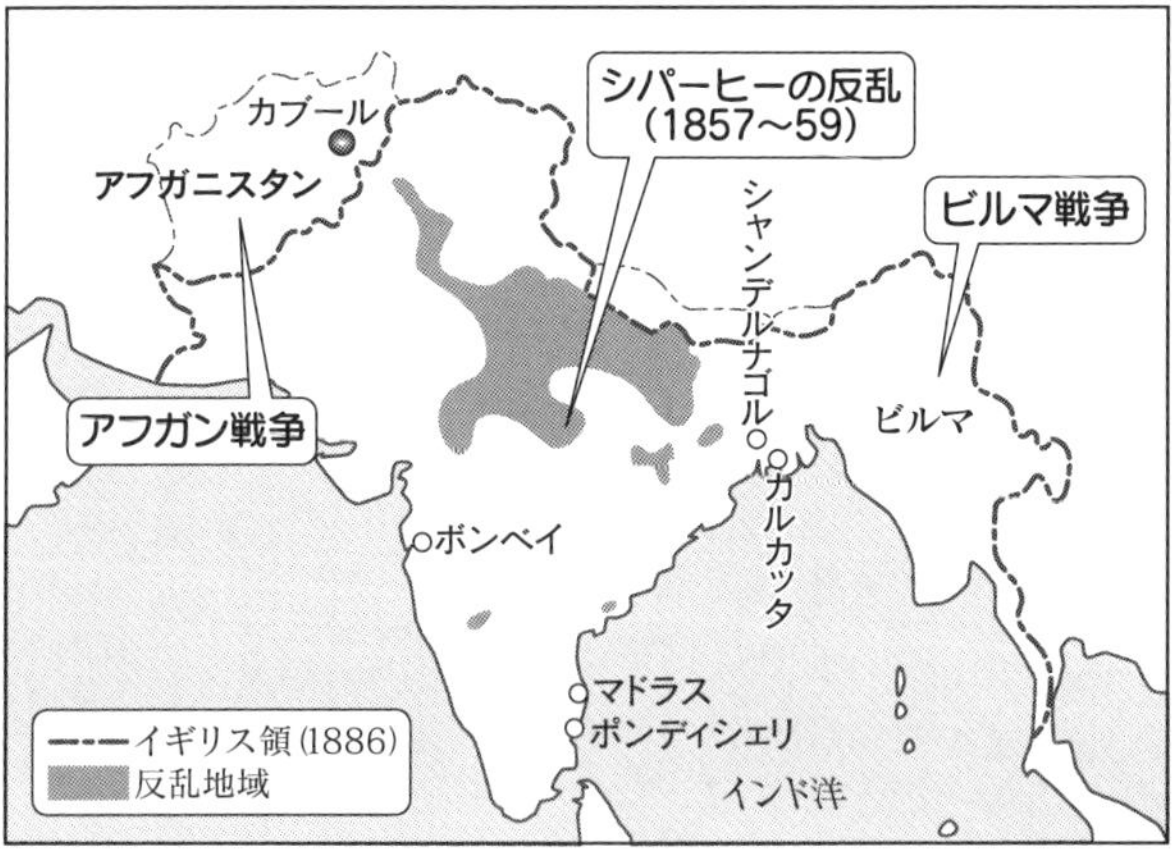

ンド産の綿布は、イギリスを世界通商帝国にのし上げる原動力であった。加えて、イギリスはインドでアヘンを生産し、中国に売りつけるようになった。さらにインドで茶の栽培をはじめ、インドを茶の一大産地にまで成長させていた。

イギリスはインド産商品を世界に売りつけ、稼いだだけではない。産業革命ののちは、自国の機械織りの安価な綿布をインドに売りつけ、インドを自国製品の市場にしてしまった。そのため、インドでは綿工業は廃《すた》れ、失業者があふれるようになった。職にありつきたい若者は、東インド会社の傭兵《ようへい》・シパーヒーにでもなるしかなかった。イギリスは、彼らシパーヒーを使って、世界各地で侵略を繰り返していたのだ。

イギリスのインド完全制覇は、そのシパーヒーの乱からはじまる。シパーヒーには、不満がくすぶっていた。彼らとイギリス本国の兵士らの間には、待遇格差が著しかったからだ。その不満は、ある噂によって爆発する。彼らに与えられた新式銃の薬莢《やっきょう》に、牛や豚の脂が使われているという噂である。よく知られているとおり、インドの大宗教であるヒンドゥ教では、牛を神聖な動物として崇《あが》めている。インドにも信者の多いイスラム教の世界では、豚は不浄とされる。1857年、シパーヒーらはイギリスによって信仰を冒瀆《ぼうとく》されたと怒り、反乱を起こしたのである。これが、インド大反乱である。

インド大反乱では、シパーヒーをはじめとする反乱軍がデリーを制圧、ムガル帝国皇帝を旗頭とし、各地で反乱は多発する。だが、有名無実化していたムガル帝国皇帝に求心力はなく。反乱勢力をまとめあげる頭目《とうもく》が不在のままだった。ヒンドゥ教徒とムスリムの間でまとまりも得られなかった。イギリスは反乱を各個撃破して、鎮圧していく。

イギリスが大反乱を受けて決意したのは、インドの完全な属領化である。イギリスはムガル帝国皇帝を廃位に追い込み、ムガル帝国を消滅させた。と同時に、これまでインド統治を任せていた東インド会社を解散させ、直接統治に移った。1877年、ヴィクトリア女王がインド皇帝となり、ここにインド帝国が成立した。イギリスは、金のなる木の完全支配に成功したのである。

グレート・ゲーム

なぜ、アフガニスタンとの戦いで惨敗したのか？

19世紀、着々と世界帝国を築いていたイギリスに対して、新たな挑戦者となったのは、ロマノフ朝のロシア帝国だ。ロシアはナポレオン戦争に勝利したことから、ヨーロッパ周辺の強国となり、領土拡大の野心を南方、中央アジアに向けはじめていた。ロシアが南下をしていけば、イギリスの富の源泉とでもいえるインドにも迫るだろう。そのため、イギリスは、ロシアの南下を食い止めにかかり、さらに自らの勢力圏の拡大に乗り出した。イギリス、ロシアの中央アジアでの勢力圏争いは、「グレート・ゲーム」と呼ばれる。

グレート・ゲームにおいて最大の争点となったのは、アフガニスタンである。ロシアがアフガニスタンを勢力圏に入れるなら、インドへの道が開ける。イギリスはロシアより早くにアフガニスタンを手に入れるため、アフガニスタン侵攻に動くが、ここで痛い目に遭っている。

19世紀のイギリスのアフガニスタン侵攻は、1838年からと、1878年からの二度にわたる。いずれの侵攻でもイギリス軍は中心地カブールまでは到達しているが、制圧、平定には成功していない。それどころか、イギリス軍はやがて孤立に追い込まれ、撤退をはじめる。撤退戦ではアフガニスタンの部族戦士の襲撃に遭い、多くの被害を出している。第二次侵攻にあっては、カンダハール西方のマイワンドで、イギリス軍は惨敗を喫している。

アフガニスタンの地形は険しく、しかも各地に点在する部族は独立心が強いうえ、戦士は勇敢である。世界各地で無敵を誇ってきたイギリス軍も、アフガニスタンの戦士の前には脆弱《ぜいじゃく》だった。アフガニスタンは20世紀後半に世界最強の陸軍大国・ソ連の侵攻をはね返し、21世紀には超大国アメリカの侵攻にも屈することはなかった。イギリスが、そんな未来を予知できようはずもない。19世紀の大国イギリスもまた、アフガニスタンの蹉跌《さてつ》に転んでしまったのである。

ただ、イギリスは、20世紀のソ連のように、深入りしたすえに、自国まで消耗させることはなかった。イギリスはアフガニスタンの軍事占領を諦め、アフガニスタンの外交権のみを得ることで満足した。イギリスはアフガニスタンをロシアとの緩衝国《かんしょうこく》と見なし、ロシアとはお互いの境界を決め、ロシアの南下を食い止めることには成功している。

スエズ運河

ディズレーリの機転によって、フランスの開発した大運河に食い込む

イギリスが世界帝国を形成していくうえで、大きな鍵となったのは、スエズ運河である。スエズ運河は、1859年にフランス人レセップスによって着工、1869年に開通する。地中海と紅海を結ぶこの運河は、イギリスからインド洋への高速ルートとなった。スエズ運河開通以前は、アフリカ大陸西岸を南下、喜望峰《きぼうほう》を回らなければインドにまでいけなかったのに、アジアへのルートが4割も短縮されたのだ。

スエズ運河開通は、イギリスにすれば歓迎すべき事件であった一方、新たな課題を生んでいた。スエズ運河を建設・管理しているのは、フランスとエジプトの共同出資の万国スエズ運河株式会社だったからだ。最大の株主はエジプトの副王であり、全体の44パーセントを保有していた。イギリスの生命線になるであろうスエズ運河は、フランスとエジプトに握られているわけで、こうなるとイギリスはフランスに下手《したて》に出なくてはならない羽目にもなる。

そんな焦《あせ》りのなか、イギリスには幸運が巡ってきた。エジプトが財政難に陥り、大量に保有するスエズ運河会社の株式を売らなくてはならない状況に陥った。1875年、この

情報を入手したイギリス首相ディズレーリは、エジプトの副王の保有株をすべて買いに動く。このとき、イギリスには時間の余裕がなかった。ディズレーリは議会にはかることなく、ユダヤの大財閥のロスチャイルドから400万ポンドの融資を受けて、副王の保有株式すべてを取得している。

これにより、イギリスは、スエズ運河の管理に関してフランスと同等以上の地位を得る。

イギリスは、インドへの高速ルートを気兼ねなく活用できるようになったのだ。

スエズ運河の権利確保は、じつはイギリスのアフリカ進出の手始めにもなっていた。こののち、エジプトの財政が悪化するたびに、ヨーロッパ列強はエジプトに干渉し、財政を支配していく。エジプトでは外国人の財政支配に不満が鬱積《うっせき》、ウラービー（オラービー）大佐が立ち上がり、民族運動を展開する。その矛先《ほこさき》はスエズ運河を管理しているイギリスにも向けられた。ウラービーが軍務大臣にまでなると、イギリスは危機感を抱き、1882年、ついに武力行使に出る。イギリスはウラービー軍を撃破し、エジプトを占領下に置いたのだ。

こうして、イギリスはスエズ運河と密接なエジプトを手に入れ、エジプトを起点にアフリカの植民地化を進めていく。

南アフリカ戦争

無敵のイギリスが、意外な弱さを世界にさらす

アフガニスタン侵攻はイギリスにとって汚点となったが、その失敗は世界ではそれほど話題にならなかった。アフガスニタン侵攻よりも、無敵のイギリスの苦戦として知られるのは、南アフリカ（ボーア）戦争のほうである。

南アフリカ戦争は、イギリスにとって躍進の19世紀最後の膨張戦争である。イギリスがこの地域を欲して、戦争まで起こしたのは、この地で産出されるようになった金、ダイヤモンドに目が眩《くら》んだからだ。

もともと、南アフリカはイギリスの勢力圏ではなく、アフリカ南端ケープ地方に、オランダ人が入植していた。オランダ人と現地人の混血は、「ブール（ブーア）人」と呼ばれていた。「ブール」は、オランダ語で「農民」を意味する。彼らは、その後、ケープを離れ、その北部に移住することになる。ナポレオン戦争の後始末を決定するウィーン会議によって、イギリスがケープ地方を獲得したためだ。ブール人らは、移住先で現地人を追い払い、オレンジ自由国とトランスヴァール共和国を建国した。

その後、両国では世界最大の金鉱やダイヤモンド鉱が発見される。イギリスは、これを

19世紀のアフリカ

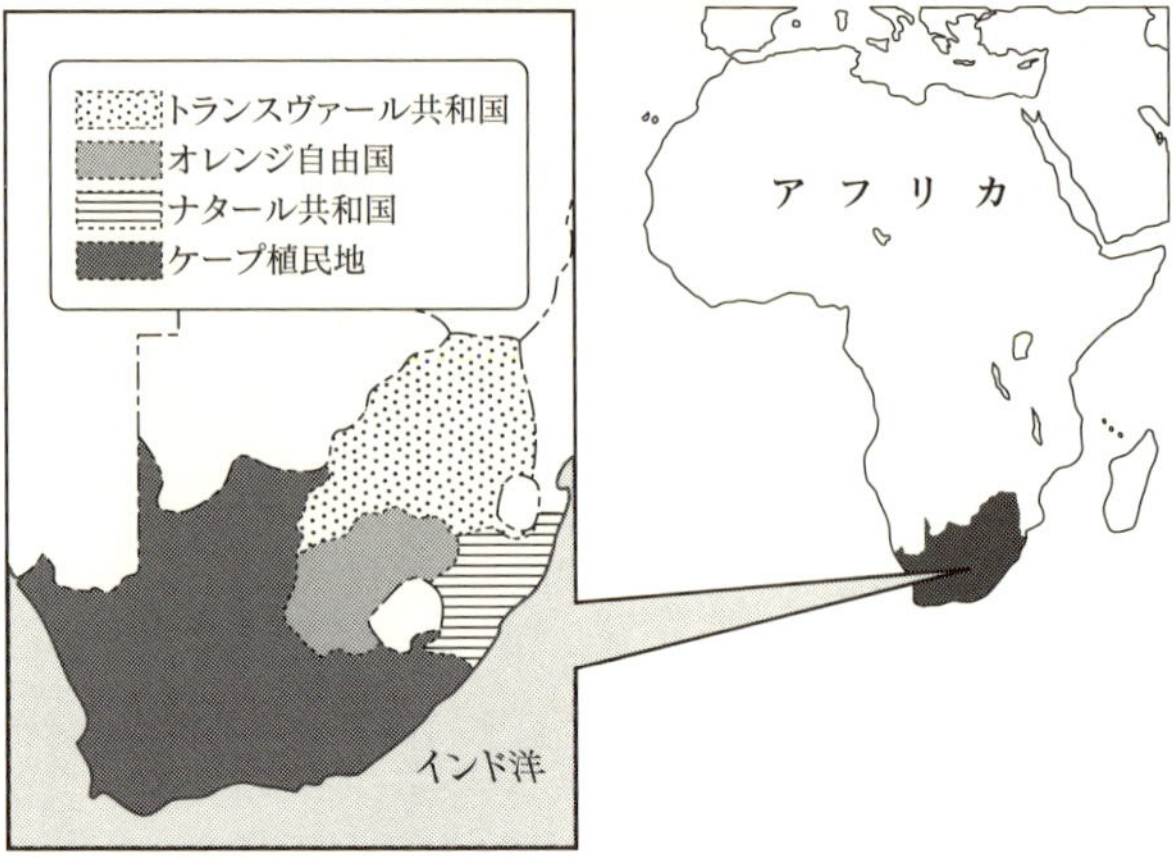

欲したのだ。それは、列強によるアフリカ大陸切り取り競争のひとつでもあった。当時、ヨーロッパ列強はアフリカの植民地化に熱心であり、イギリス、フランスが先を争って、植民地を獲得、アフリカ大陸の分割支配を進めていた。イギリスは、金とダイヤモンドを産するふたつの国を自らの植民地としたかったのだ。

イギリスでまず動いたのは、ケープ植民地首相だったセシル＝ローズである。彼はトランスヴァール併合に動いたが、失敗する。これに代わって、イギリス本国が動き、1899年からの南アフリカ戦争となる。

南アフリカ戦争は、当初、イギリスの圧勝だろうと、ヨーロッパ諸国は予想していた。なにしろ、相手は農民である。けれども、イギリス軍はブール人のゲリラ戦に苦しみ、戦争は長引く。イギリスは本国から最終的に45万人の兵を動員、2年7か月かけてようやく勝利した。

イギリスは勝つには勝ったものの、犠牲は大きかった。イギリス軍の戦傷者は2万3000人にも達していたうえ、国際世論はブール人側に同情的であった。フランスやドイツ、オランダからブール人側に義勇兵も参加し、イギリスは孤立化していたのだ。

イギリスの南アフリカ戦争における苦戦は、イギリスが絶対的に強いわけではないと、ヨーロッパ列強に悟らせた。19世紀のイギリスはほとんど連戦連勝であったが、最後になって、その「神話」に翳《かげ》りが生まれ、ドイツの挑戦をゆるすことになる。

ヴィクトリア女王

最盛期のなかでロンドンは、北京、江戸を抜き、世界一の大都市に

イギリスの全盛期は、ヴィクトリア女王の君臨した時代だったとよくいわれる。ヴィクトリア女王は、1837年に18歳で即位、1901年に死没する。彼女の君臨したおよそ60年余こそが、イギリスが世界帝国を築いた時代である。

イギリスが「パクス・ブリタニカ」を成しえたのは、最強の海軍力と、これをバックにした最強の海運力にあった。そして、安価な工業製品があった。いち早く産業革命を達成

ヴィクトリア女王時代のイギリスの植民地

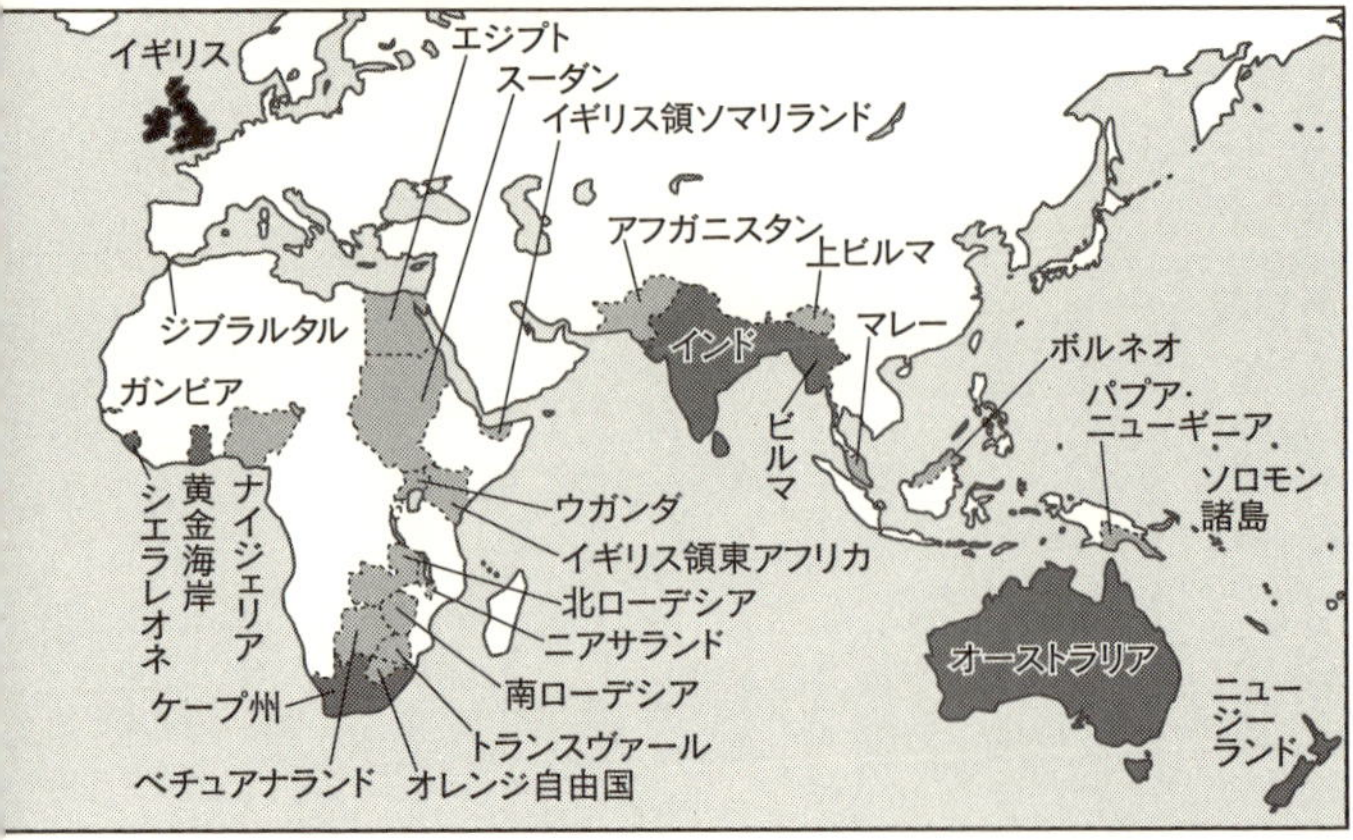

したイギリスは、世界のどの国よりも早く工業化を遂げ、「世界の工場」と呼ばれた。生産された商品は、世界市場から求められ、イギリスに金が集まった。

その栄光の時代から、ロンドンは百万都市となっている。19世紀初頭、世界の百万都市といえば、ロンドン以外には、中国の北京、日本の江戸のみである。ロンドンの人口は、ヴィクトリア女王時代の19世紀半ばには240万人にもなり、パリは比較にもならず、北京、江戸よりもはるかに大きな都市に成長していたのだ。

パクス・ブリタニカの象徴ともいえるのが、1851年に開催されたロンドンでの万国博覧会である。それは、世界初の万国博覧会であり、イギリスの産業技術力の高さを世界に誇示するもので

あった。すでに鉄道が国内に敷かれていたから、イギリス国内から多くの客が集まり、大集客イベントのはじまりともいえた。

これに遅れて、フランスのナポレオン3世はパリで万博を開き、さらにパリの都市改造に着手している。ナポレオン3世は、亡命時代、ロンドンにあり、ロンドンの都市化のすばらしさを知っていた。ロンドンに比べ、当時のパリはお粗末であった。ナポレオン3世時代の改造によって、いまのパリの基本ができあがったのだから、ロンドンはパリのお手本であった。

ヴィクトリア女王時代のイギリスは、日本人なら、コナン・ドイルの『シャーロック・ホームズ』の世界によってうかがうことができよう。小説では、ロンドンには世界からあまたの犯罪者が訪れているが、それほどにロンドンは魅力的な世界都市だったのだ。

繁栄の象徴となったヴィクトリア女王は、生涯独身を貫いたエリザベス1世と違い、家庭的な女性であった。彼は夫アルバートを愛し、愛したがゆえに、夫を失った悲しみに公務のできない時期さえあった。

ヴィクトリア女王は、１９０１年に81歳で没している。これにより、栄光のハノーヴァー朝は終わる。と同時に、パクス・ブリタニカの時代も急速に終わりを告げることになる。長くイギリスは名誉ある孤立を誇ってきたが、東アジア情勢に対応するため、１９０２年に日本との間で同盟を結ぶようにさえなった。イギリスの完全なる突出を世界はゆるさなくなっていたのだ。

7章

第1次世界大戦からブレグジットまで

大戦後の経済低迷で苦悩し続ける現代イギリス

本章で扱う時代のおもな出来事

サクス＝コバーグ＝ゴータ朝	1901	ヴィクトリア女王死去、エドワード7世即位
	1910	ジョージ5世即位
	1914	アイルランド自治法の成立 第一次世界大戦勃発（〜18）
	1916	サイクス・ピコ協定
ウインザー朝	1917	ジョージ5世、「ウインザー朝」に改名
	1921	アイルランド自由国成立
	1924	マクドナルド首相による初の労働党内閣成立
	1935	インド統治法
	1936	エドワード8世が結婚問題で退位
	1939	第二次世界大戦勃発（〜45）
	1947	インド・パキスタンの独立
	1952	エリザベス2世の即位
	1956	スエズ動乱
	1979	サッチャー保守党内閣の発足
	1982	フォークランド紛争
	1997	ブレア内閣発足
	2016	国民投票でEU離脱が過半数

サクス＝コバーグ＝ゴータ朝

「ピース・メーカー」と呼ばれたエドワード7世

1901年、ヴィクトリア女王が没すると、代わって、彼女の子エドワード7世が即位する。これにより、ハノーヴァー朝の時代は終わり、サクス＝コバーグ＝ゴータ朝の時代となる。王朝の名が変わったのは、エドワード7世の父アルバートが、ドイツのザクセン＝コーブルク＝ゴータ家の出身だったからだ。父方の家名の英語読みを王朝名としたのである。エドワード7世は、ドイツ色の強い王だったことになる。ちなみに、現在のベルギー王家もまた、ザクセン＝コーブルク＝ゴータ家の出自である。

エドワード7世は、ずいぶんと好色な王であった。父アルバート、母ヴィクトリア女王が厳格な躾《しつけ》を施したため、その反動から奔放な女性遍歴《へんれき》を重ねるようになった。

それはともかく、エドワード7世の時代、イギリスは平和の維持のため、同盟・協商に向かう。1902年に日英同盟、1904年に英仏協商、1907年に英露協商を結ぶ。そうした協商の成立の背後には、エドワード7世があったとされる。彼は遊びを目的にヨーロッパ各国に出掛けていたが、そこで要人とたしかな人脈を築いていた。その人脈が、協商の成立に生きたのである。そこから、エドワード7世には、平和を製造する「ピース・

メーカー」というあだ名がついているほどだ。

その一方で、日英同盟は、日本にロシアとの戦争を決意させる後押しになっている。日本の国運を懸けた日露戦争は、イギリスから見れば、日本を「傭兵」にしてイギリスの東アジア利権を確保する意味もあったのだ。

ドレッドノート

新たな挑戦者・ドイツの軍拡を触発したイギリスの新型戦艦

19世紀末からイギリスの覇権に対する新たな挑戦者となっていたのは、ドイツである。ドイツはビスマルク首相の時代に協調外交を貫いていたが、1888年、ヴィルヘルム2世が即位すると、ビスマルクはやがて失脚する。以後、ヴィルヘルム2世のもと、ドイツは帝国主義的な膨張政策をとりはじめる。ドイツは、1871年にようやく統一された新興国であり、植民地獲得競争に完全に出遅れていた。そこに、焦りもあった。

20世紀初頭、ドイツの工業技術力はイギリスを凌駕《りょうが》するようになっていた。そのドイツが世界進出を果たすのに、最大の障害となるのが、世界最強を誇ってきたイギリス海軍である。ドイツは、イギリス海軍を圧倒するような大海軍の編成に乗り出していた。

これに、イギリスは新型戦艦「ドレッドノート」級の就役で対抗する。1906年に就役した「ドレッドノート」級戦艦は革命的な強力戦艦であり、それまでの戦艦をすべて旧式化させた。「ドレッドノート」級戦艦の登場は列強の脅威となり、各国は「ドレッドノート」に匹敵する「ド」級戦艦、「ドレッドノート」を超える超「ド」級戦艦の開発と量産に躍起となる。日本語の「超弩級《ちょうどきゅう》」という言葉も、ここに由来する。

イギリスがその実力を世界に見せつけた戦艦「ドレッドノート」級は、じつに皮肉な戦艦であった。「ドレッドノート」級を開発したことにより、イギリス海軍の保有してきた世界最大規模の在来戦艦群がすべて旧式化してしまったのだ。世界各国には、超弩級戦艦を多数建造すれば、イギリスに追いつき、追い越す芽が出てきたのである。

これをもっとも強烈に意識したのが、ドイツである。ドイツは超弩級の大型戦艦の建造にはしり、イギリスもこれに負けじと、建艦を進めた。イギリスとドイツは建艦競争で対立、その対立が第一次世界大戦の遠因にもなっている。

ベルギーとロンドン条約

戦わなくてもよかった第一次世界大戦に参戦したイギリス

1914年、第一次世界大戦が勃発、イギリスも参戦する。第一次世界大戦は、イギリスをはじめヨーロッパの没落のはじまりでもあった。開戦時、イギリスにはそんな未来を予測する者などいなかっただろうが、じつのところイギリスにとって第一次世界大戦は戦わなくてもいい戦争であった。

第一次世界大戦は、ボスニアのサライェヴォでオーストリア皇位継承者フランツ＝フェルディナント大公夫妻が、セルビアの民族主義者に暗殺されたところからはじまる。オーストリアはセルビアに宣戦布告し、セルビアを支援するロシアが総動員令を発し、オーストリアを支援するドイツは、ロシア、フランスに宣戦布告した。

戦争は東欧での揉《も》め事に起因し、イギリスは関与する必要がなかった。たしかにイギリスはフランス、ロシアと協商関係を結んでいるとはいえ、協商は攻守同盟のような拘束性をもたない。フランス、ロシアの戦争を眺める選択もあった。そもそもイギリスに宣戦布告しようという国はほとんどないのだ。イギリスには、戦争の調停者になる役どころもあった。にもかかわらず、イギリスはドイツに宣戦布告し、戦争に加わったのだ。

イギリスの参戦は、ドイツのベルギー侵攻を理由にしている。1839年に、イギリスやプロイセンなどの5か国は、ベルギーを中立国とする約束（ロンドン条約）を取り交わしていた。イギリスは、その古い約束に拘束されていたのである。イギリスは、ベルギーをヨーロッパ大陸における自国の出先機関のように見なしていて、ゆえにベルギー防衛に向かったといえる。さらに、イギリスには反ドイツの気運があったのもたしかである。この戦争で、新たな挑戦者となっているドイツを叩いておきたい。そうした打算も働き、イギリスはフランスやロシアよりも早くにドイツに宣戦布告したのである。

開戦当初、どの国も年末のクリスマスには決着がつくと高《たか》をくくっていた。だが、戦争は長引き、想像を絶する犠牲を伴うものとなっていったのだ。

第一次世界大戦

イギリスは、債権国から債務国に転落

第一次世界大戦は、イギリスをはじめ多くのヨーロッパ諸国にとって史上最悪の戦いとなる。大戦では、イギリス軍は大陸に上陸、フランス軍とともにドイツ軍と戦った。その戦場はおもにベルギーであり、ここでほんの数百メートル進むあいだにも、兵士がバタバタと倒れる戦争を繰り返す。

イギリスもドイツもフランスも、敵をなめていたところがあった。植民地相手の戦争では、殺傷力の高い先進兵器をもつヨーロッパ諸国が、近代的武器をもたない植民地側を圧倒した。では、ヨーロッパの兵士同士が戦ったらどうなるか。お互いが高い殺傷力をもっているから、どちらの兵士も殺傷力の高い銃の餌食《えじき》になっていったのだ。

第一次世界大戦

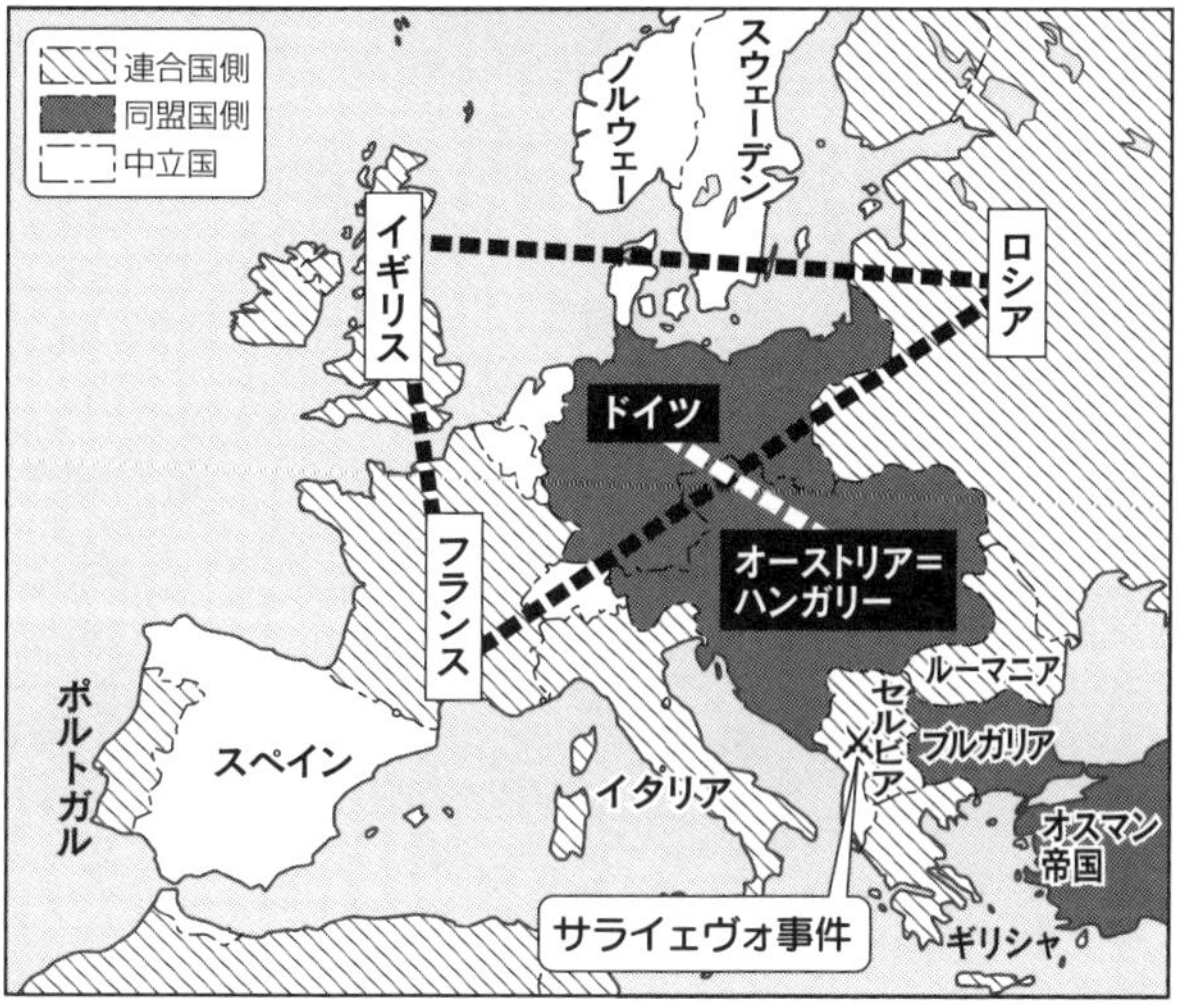

イギリス軍の戦い方は、旧態依然であった。1世紀まえのナポレオン戦争時代と同じように、一列横隊で銃剣による前進を試みたが、それはドイツ軍の機関銃の絶好の餌食となった。植民地相手に通用した戦いは、ヨーロッパ人同士の間では通用しなかったのだ。両軍は銃弾を避けるために塹壕《ざんごう》を掘って対峙した。塹壕から上半身を出そうものなら、命はなかった。

1917年、イギリス軍はソンムでドイツ軍と激突する。イギリス軍は初日だけで、1万9000人の死者、4万人を超える戦傷者を出した。

多大な犠牲の連続に、イギリスは初めて徴兵制を採用し、兵士を確保せざるをえなかった。それまでの戦争は、職業軍人や義勇兵に任せていたが、もはや彼らの手に負えるものではなかった。イギリス本国だけで670万人が動員され、イギリス帝国全体では900万人以上の兵士が動員されたのだ。

また、大西洋ではイギリスの商船がドイツの潜水艦・Uボートに襲われ、次々と沈められた。イギリスにとって脅威となっていたのは、ドイツの戦艦ではなく、潜水艦だった。

大戦は、経済的に窮したドイツで革命が起こったことで、終結に向かう。たしかに、イギリスは勝利し、戦火は国土にまでは及ばなかったものの、戦死者は91万人を数え、重傷者は200万人を超えた。800万トンもの商船を失ってもいた。

それればかりか、イギリスは債権国から債務国に転落していた。イギリスは90億ポンドの戦費を賄《まかな》うために、アメリカに8億5000万ポンドの債務を負うことにもなった。戦後処理には120億ポンドを要し、多くを国債で賄ったため、戦後の国債発行額は戦前の14倍にもなっている。戦後のイギリス財政は窮し、世界帝国の面影はなかった。

ウインザー朝

なぜ、第一次世界大戦下、王朝名が変わったのか?

第一次世界大戦のさなか、イギリスでは王朝名が変わる。それまでのサクス=コバーグ=

ゴータ朝の名が消え、新たにウインザー朝と称するようになった。

ただ、王朝の名が変わっただけで、王室の中身が変わったわけではない。サクス＝コバーグ＝ゴータ朝の国王ジョージ5世が、そのままウインザー朝の国王となっている。

ジョージ5世が王朝名を変えたのは、国民を慮《おもんぱか》ってのことである。当時、イギリスの兵士はドイツ軍の兵士と血みどろの戦いを繰り返し、多くのイギリスの若者がドイツ兵に殺されている。そんななか、ドイツの名族ザクセン＝コーブルク＝ゴータに通じる英名サクス＝コバーグ＝ゴータの名を名乗りつづけることは、国民を統合していく障害になる。

しかも、ジョージ5世はドイツ皇帝のヴィルヘルム2世とは従兄弟の関係になる。ゆえに、ドイツの潜在的な味方であるかもしれないといった見方はされたくない。そこで王宮のあるウインザーの名をとり、新たな王朝名とし、現在につづいている。

ジョージ5世夫妻は、大戦下、国民とともに生きる決意を見せている。国王夫妻は、戦地に赴《おもむ》き、兵士を激励した。野戦病院を訪れては、負傷した兵士を慰めた。その姿勢が、イギリスに王室を残したともいえる。

第一次世界大戦が終わると、ヨーロッパの王家は次々と消滅していった。まずはロシアのロマノフ王家が共産主義革命によって滅ぼされ、ドイツ、オーストリアでも王家は消滅した。戦勝国イギリスでも例外ではなかったかもしれないが、ジョージ5世は国民の信頼を勝ち得ていた。

ジョージ5世は日本とも縁の深い王である。彼は皇太子時代に日本を訪問していたし、1921年、昭和天皇が皇太子時代にイギリスをはじめヨーロッパを訪問したときには、温かく迎えている。昭和天皇に「君臨すれども統治せず」というあり方を教えたのも、ジョージ5世である。わずかな期間の邂逅《かいこう》であったが、ジョージ5世が昭和天皇に与えた影響は大きい。

昭和天皇は、第二次世界大戦にあって、重臣や軍人が何もできないなか、終戦の決断をなし、戦後は全国巡幸《じゅんこう》によって国民を励ました。昭和天皇は、終戦の決断をなすことにより、「君臨すれども統治せず」の教えを破ったとはいえ、国民とともに生きようとしたジョージ5世からさまざまなものを学び取っていたのである。ゆえに、イギリス王家が生き残ったように、日本の皇室も生き残ったのだ。

パレスチナ問題

イギリスの「三枚舌外交」が、中東の紛糾を生んでいた

第一次世界大戦で戦場となったのは、ヨーロッパのみではない。オスマン帝国がドイツ

側に立って戦ったから、中東も戦場と化しはじめた。そんななか、イギリスは中東で戦時秘密外交を展開、中立勢力を味方につけようとした。イギリスは中東の事情を深く知らなかったから、結果として、その外交はでたらめなものとなり、今日の中東問題を生んでしまった。

イギリスのでたらめ外交は、「三枚舌外交」といわれる。まず、イギリスは、アラブの民族指導者フサイン（フセイン）相手に、対オスマン帝国戦争をけしかける。代償として、アラブ人の独立国家建設を約束した。イギリスのエジプト高等弁務官マクマホンとフサインの間の合意であったところから、「フサイン・マクマホン協定」と呼ばれる。

この協定は、カラ約束に等しい。イギリスはフランス、ロシア相手に「サイクス・ピコ協定」を結んだ。サイクス、ピコは交渉に当たった外交官の名である。この協定では、戦後、オスマン帝国領内のイラクとシリアを分割・支配することが取り決められた。パレスチナについては、国際管理地域とすることで一致している。

そのパレスチナについては、イギリスの外相バルフォアが、パレスチナにユダヤ人の民族的郷土を設立することを認めると宣言している。イギリスは、戦費調達のため、ユダヤの大財閥であるロスチャイルド家から融資を得る必要があった。そのため、「バルフォア

イギリスの三枚舌外交の構図

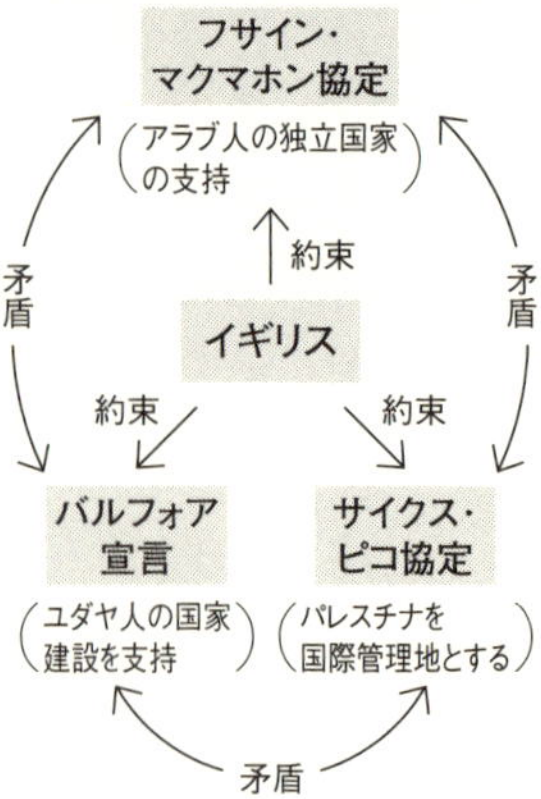

宣言」はユダヤ勢力を利する言質《げんち》となった。イギリスはここでも、フサイン・マクマホン協定を反故《ほ》《ご》にしていたし、「サイクス・ピコ協定」とも矛盾していた。

実際には、「フサイン・マクマホン協定」を信じたファイサル率いるアラブ軍がシリアを攻め、ダマスカスに入城した。戦後、ファイサルはパリ講和会議にも出席、独立を主張する。カラ約束をしていたイギリスが約束を認めるはずもなく、事態は紛糾《ふんきゅう》しながら、やがてはアラブ勢力は独立へと動いていく。

また、パルフォア宣言によって、パレスチナへのユダヤ人の流入が増大、アラブ系の先住民との対立が激しくなっていった。イギリスはこれを収拾する力をもたず、イギリスのでたらめ外交が中東の長い混沌《こんとん》をもたらしてしまったのだ。

アイルランドの独立

第一次世界大戦下のイースター蜂起の禍根が、離反を招いた

第一次世界大戦後、アイルランドは、北部6州を除いて、イギリスから独立を果たしていく。イギリスはアイルランドの喪失を認めたわけだが、そこに至るまでイギリスとアイルランドの対立の歴史がある。

1840年代のアイルランドのジャガイモ大飢饉は、アイルランド人にイギリスへの敵意を増大させていた。とはいえ、アイルランドが世界一の大国イギリスの一員であることも捨てがたい。そこから、アイルランドではイギリスに自治を求めていく。

これに対し、イギリスも1914年、アイルランド自治法を成立させ、いったんはアイルランドに自治を約束する。だが、そこに第一次世界大戦が勃発すると、アイルランド自治は戦後までお預けとなる。アイルランドの一部の急進派は、これに苛立《いらだ》ち、1916年、イースター蜂起と呼ばれる反乱を起こす。彼らは、自治では我慢ならず独立を求めるようになっていた。イギリスは1週間ほどでイースター蜂起を鎮圧し、首謀者たちを処刑してしまった。この処刑が、アイルランド人にまたも怒りの火をつけることになる。急進派だけでなく、多くのアイルランド人が独立を希求するようになったのだ。

第一次世界大戦後、アイルランド独立を訴えてきたシン・フェイン党は総選挙で圧勝、ダブリンに国民議会を置き、アイルランドの独立を主張した。

イギリスは、アイルランドの自治を認めても、独立を認めるつもりはなかった。そこから武力衝突となり、アイルランド独立戦争がはじまる。アイルランドのゲリラ戦に苦しむイギリス軍は、民家への焼き打ちで報復、残酷な戦いとなる。第一次世界大戦で大きく消耗したイギリス軍には、かつての力はない。ついにはイギリスが半ば折れ、1921年、イギリスの自治領「アイルランド自由国」が成立する。

その後、アイルランドでは完全な独立を求める動きが強くなり、1937年、「エール」国として実質独立を果たしている。「エール」は、アイルランドの古い呼称である。

また、アイルランドが独立に向かって動いたとき、北部6州は、イギリスに残る選択をしている。北部6州にはプロテスタントの移民が多く、カトリックの多いアイルランドとの統合を望まない力が強かったのだ。これが、北アイルランドとなる。

ただ、北アイルランドでは、カトリックが差別されるようになり、これが対立の根となり、のちの北アイルランド紛争の根になっている。

ガンディー

非暴力不服従運動に対して、イギリスは民族運動の分断で対抗

第一次世界大戦は、イギリスとインドの関係も変えてしまった。インドは19世紀後半、インド帝国としてイギリスに組み入れられていた。イギリスにとって、インドは金のなる

木でもあれば、兵士の調達場でもあった。第一次世界大戦が起きると、インドもイギリス側に立って参戦させられ、本国の戦争遂行のために多くのインド兵を送った。

それは、多大なインド兵の犠牲を伴い、インドはその代償として自治を求めはじめたのだ。戦中期の1917年、イギリスはインドに漸次《ぜんじ》自治権を与えることを約束せざるをえなかったが、中東での約束がそうであったように、これまたカラ約束に等しかった。

戦後、イギリスは手のひらを返す。イギリスは、1919年、ローラット法とインド統治法を定める。インド統治法は、インドにごくわずかの自治を認めるものだった。その一方、ローラット法は、インド人の政治活動の弾圧を目的としたものであった。実質、イギリスは自治を認めず、さらには自治への動きを封じ込めようとしたのである。

イギリスの詐欺的な政策は、インド人の反発を買い、以後、インドでは反イギリスの民族運動が高揚しはじめる。そのリーダーのひとりとなったのが、ガンディーである。ガンディーは反イギリス運動を訴え、民衆を動かそうとした。それが、バンジャーブ州・アムリットサル虐殺事件をもたらす。軍が民衆に発砲、多くの死傷者を出したのだ。

これにより、ガンディーは、これまでにない新たな反イギリス運動を構想するようになった。それが、非暴力不服従運動である。彼は、同胞が虐殺に遭ったからといって、報復テロにはしるようなことはしなかった。それどころか、非暴力をひとつの武器に立ち上がった。彼は、不当な法令の拒否、納税の拒否、イギリス製品の不買、国産製品の使用を訴えた。非暴力運動による大衆の圧力によって、独立を勝ち取ろうとしたのだ。

やがて、イギリスはガンディーの運動に一部妥協し、1935年には新たなインド統治法を制定した。イギリス領11州を全面的な自治州とし、多少の自治を認めたのだ。

イギリスは一部では妥協しても、インドの自治・独立を認める気はなかった。その証拠に、イギリスはインドの民族運動の分断にもかかっている。インドにはヒンドゥ教徒とともにムスリムも多い。両者は長く対立しつつも共生してきたが、イギリスは両者の対立感情を煽《あお》った。ムスリムの指導者であるジンナーは、ガンディーの非暴力不服従運動への協力も拒むようになる。

結局、イギリスのインド分断戦術がインド分裂をもたらす。第二次世界大戦後、インドは独立に向かうが、ヒンドゥ教のインドとイスラム教のパキスタンに分離する結果となる。

チェンバレン

ヒトラーに対するミュンヘンの宥和は、失敗とされるが…

第一次世界大戦で多くの資産を失ったイギリスは、1920年代に少しずつながら復興していく。その過程で、1923年、史上初の労働党政権が誕生、マクドナルドが首相となった。以後、ホイッグをルーツとした自由党が凋落《ちょうらく》しはじめ、保守党対労働党の時代となるのだが、それはともかく、イギリスは1929年からの世界恐慌の直撃を受ける。国際収支は赤字に転落、すでに100万人を上回っていた失業者は、250万人を超えた。

世界恐慌に対処すべく、マクドナルド首相は挙国一致内閣を成立させる。その経済政策は、自由貿易主義を捨て、保護貿易主義にはしるものだった。1932年、カナダのオタワで開かれたオタワ連邦会議（帝国経済会議）では、イギリス帝国内の諸地域からの輸入の関税を免除、その一方、域外からの輸入には高い関税を課すとした。イギリスには、世界経済を考える余裕が失われ、自国のみが生き残ればよいエゴに動かされていた。

こうして、イギリスが保護貿易を固めていくなか、ドイツではナチスを率いるヒトラーが台頭する。ヒトラーは1933年に一党独裁を確立、ドイツの経済建設を進めていく。1920年代、ドイツ経済は塗炭《とたん》の苦しみにあえいだが、いまやイギリスを上回る経済成長を示し、ヒトラーの威信は高まった。

ヒトラーは、もともと第一次世界大戦後の世界を規定したヴェルサイユ条約による体制の打破を叫んでいた。彼は実力で体制打破に乗り出し、領土拡張の野望をむきだしにしはじめた。ドイツは１９３８年にオーストリアを併合、つづいてはチェコスロヴァキアに対して、ズデーテン地方の割譲を要求した。ズデーテン地方には、３５０万人のドイツ人が居住することを理由にだ。

この時代、ヒトラーの野望に対し唯一渡り合える存在はイギリスしかなかった。フランスでは、政権が猫の目のように変わり、フランスが一致して、ヒトラーに渡り合うのはむずかしかった。ここでイギリスのチャンバレン首相が動き、１９３８年９月のミュンヘン会談となる。チェンバレン、ヒトラー、フランスのダラディエ首相、イタリアのムッソリーニが参加した。だが、肝心のチェコスロヴァキア代表の参加はなく、ソ連も外された。

ミュンヘン会談は、のちに「ミュンヘンの宥和《ゆうわ》」として非難されることになる。会談では、これ以上の領土要求はしないという約束をヒトラーから取りつけたうえで、ズデーテン地方のドイツへの割譲を認めたのだ。

チェンバレンの宥和政策は、１９３０年代のイギリス外交政策に沿ったものだ。１９３１年、日本の関東軍が満洲に侵攻した満洲事変でも、イギリスは当初、宥和的であった。１９３５年、ムッソリーニのイタリアがエチオピアに侵攻したときも、国際連盟を通じて経済制裁を科すのみで、結局のところイタリアのエチオピア間接支配を認めている。

イギリスが宥和外交をつづけたのは、第一次世界大戦で戦争に懲《こ》りていたからだ。イギリスは事を荒立て、戦争に突入する事態を避けたかった。それは、イギリス国民の多くの考えでもあったし、フランスもそうだった。ゆえに、ミュンヘン会談を成し遂げたチェンバレンは、イギリスでは歓呼の声で迎えられた。

だが、宥和外交が失敗であったことは、すぐに明らかになる。ドイツは1939年にはチェコスロヴァキア全土を占領、つづいてポーランドへの野心をあらわす。宥和ではヒトラーは止められないことが明らかとなり、第二次世界大戦が迫っていた。

チェンバレンのミュンヘンでの宥和は、現在も強く批判されているが、実際のところ、チェンバレンにはこれしか選択肢はなかったともいえる。多くの国民は、戦争を嫌がっているうえ、イギリスにはドイツを恫喝《どうかつ》するだけの戦力が整っていない。

イギリス軍の近代化が遅れるなか、ヒトラーのドイツは再軍備を着々と進めてきた。ドイツが高速の最新鋭戦闘機・メッサーシュミットBf109を主力にしようとする時代、イギリスは低速の複葉機を主力とした。メッサーシュミットに対抗できる戦闘機・スーパーマーリン・スピットファイアが揃うには時間を要した。イギリスはドイツと戦うためには、時間を稼ぐしかなかったのだ。実際、ミュンヘンでの宥和の年から、イギリスは新型戦闘機、新型爆撃機を大量に発注、戦争に備えはじめているのだ。

エドワード8世
「王冠を賭けた恋」の裏側にあった懸念とは

イギリスがヒトラーの野心を不気味な思いで見ていた時代、イギリス王室はスキャンダルに見舞われていた。1936年、ジョージ5世が没すると、長男がエドワード8世として即位した。だが、彼は、わずか11か月で退位してしまったのだ。

エドワード8世が退位したのは、彼の結婚がイギリス国教会に認められなかったからだ。即位まえ、彼はウォリス・シンプソンというアメリカ人女性と交際し、結婚するつもりだった。問題は、彼女がすでに一度離婚を経験したうえ、人妻であったことだ。エドワード8世は王位に就くや、彼女を離婚させ、王妃として迎え入れようとする。エドワード8世は王子時代から国民に人気があり、人気をバックに結婚を強引に進めようとしたが、イギリスの首相は反対する。結局、イギリス国教会がエドワード8世の結婚を認めず、エドワード8世は、王位を取るか、結婚を選ぶかの二者択一を迫られることになったのだ。

ここで、エドワード8世は王位をあっさり捨てて、ウォリスと結婚する。それは、「王冠を賭けた恋」として語り伝えられることになる。

イギリス政府が、エドワード8世の退位をすんなり認めたのは、彼に対し一種の懸念があったからともされる。エドワード8世は王子時代から、ヒトラーやムッソリーニ寄りであり、独裁者と親しいイギリス国王というのは、困った存在になりかねなかった。実際、退位後のエドワード8世はヒトラーと接近し、イギリス政府を困惑させている。

エドワード8世の退位を受けて、新たに即位したのは、彼の弟ジョージ6世である。彼は子どものころの精神的なストレスから吃音症《きつおんしょう》となり、内気な性格だったが、国王になった彼はこれを克服していく。第二次世界大戦に突入、ロンドンが爆撃されるなか、彼はロンドンにとどまり、ラジオ放送で国民を励ました。イギリス国民に敬慕《けいぼ》される王となり、結果的にエドワード8世の退位はイギリスに幸いしたともいえる。

第二次世界大戦

民主ポーランドを守るための開戦は、結局、目的を達成できなかった

1939年、ドイツ軍のポーランド侵攻によって、第二次世界大戦がはじまる。イギリスとフランスは、ポーランドを守るための相互援助条約を同国と交わしていたから、ドイツに宣戦布告した。イギリスでは宥和政策を進めてきたチェンバレンが首相を辞職、宥和には反対だった元軍人のチャーチルが首相となる。

第二次世界大戦では、イギリスはドイツ、イタリア、日本を破り、戦勝国の地位を手に入れる。チャーチルは、ドイツからイギリスを守り通した「救国の英雄」のように讃えられたが、じつのところ、イギリス単独ではドイツに対する勝利は不可能に近かった。実際に、ヒトラーを自殺に追い込み、ドイツを打ち倒したのは、スターリンのソ連である。日本を完全屈伏させたのは、ローズヴェルト大統領のアメリカである。

では、イギリスは何をしていたかというと、ソ連、アメリカが登場するまでの、つなぎ役であった。大戦では、1940年6月、イギリスとともに戦っていたフランスがドイツに屈伏、陣営から脱落する。以後、およそ1年間、連戦連勝をつづけてきたドイツ相手に、イギリスは単独で戦わねばならなくなった。

ドイツ対イギリスの空中戦は、「バトル・オブ・ブリテン（ブリテンの戦い）」として語り継がれている。ヒトラーはイギリスへの上陸を企図、まずはイギリス空襲によって、イギリスの抵抗力をそごうとする。これに対して、イギリス空軍も全力で応戦、ドイツの爆撃機を撃墜していった。

チャーチル率いるイギリスは、ドイツ相手に屈しない意志を見せつづけたが、そこから先、展望はなかった。チャーチルは、アメリカの参戦を待ち望み、ソ連にも期待していた。

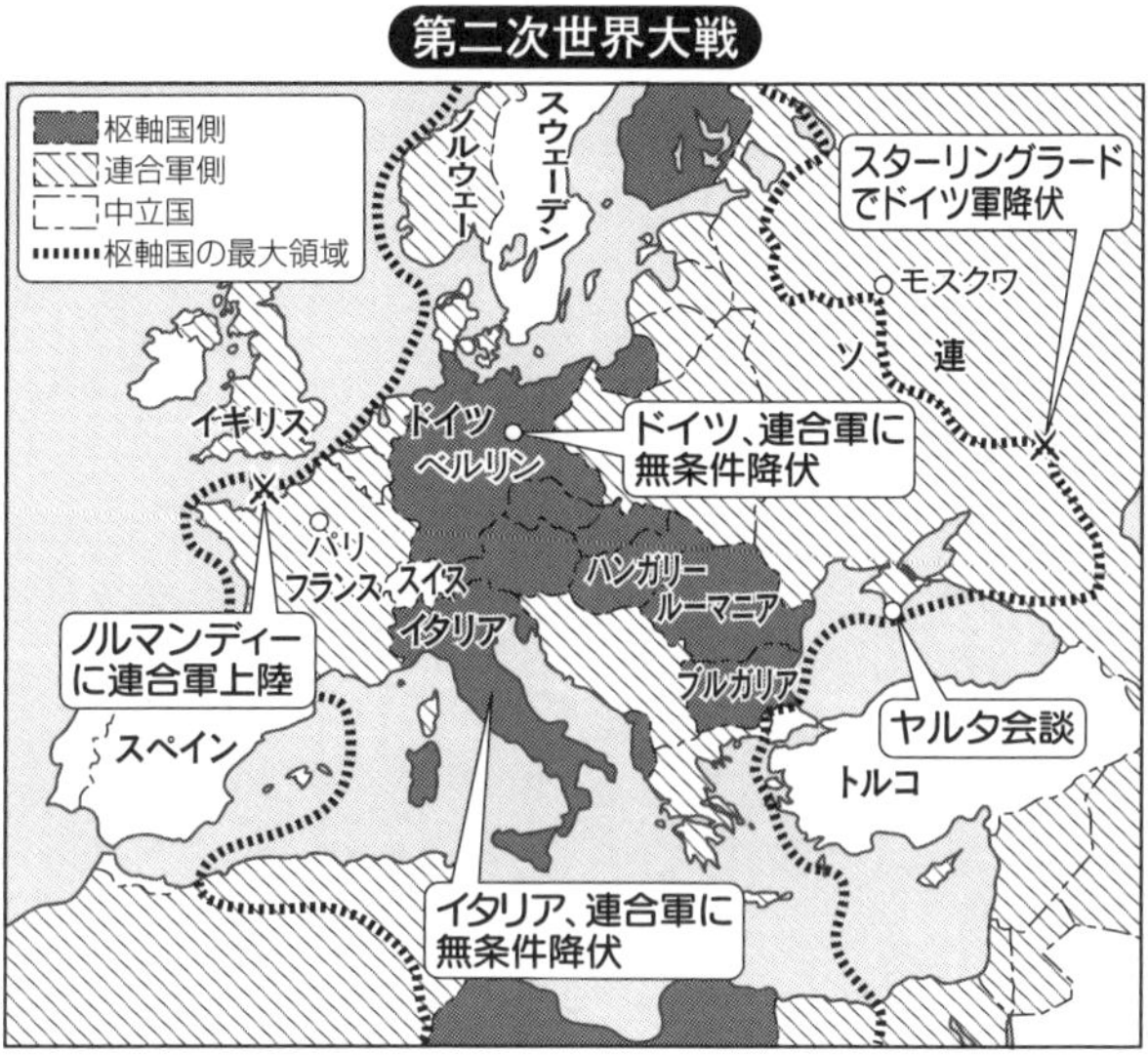

だが、アメリカ国民は戦争に乗り気でなかったし、ソ連はドイツと不可侵条約を結んでしまった。

すべてを変えたのは、1941年6月、ドイツ軍のソ連侵攻である。これにより、ドイツ軍主力の矛先はソ連に移り、イギリスの負荷は軽減された。そして、同年12月、日本軍によるアメリカ・ハワイの真珠湾奇襲攻撃がおこなわれる。日本と同盟関係にあるドイツはアメリカに宣戦布告、ついにアメリカを戦場に引き込んだのである。これによって、イギリスは勝利を引き寄せはじめたのだ。

ただ、趨勢《すうせい》が明らかになった1945年2月、クリミアのヤルタ会談で、チャーチルはイギリスの地位の転落を思い知らされる。ヤルタに集まったのは、チャーチル、ローズヴェルト、スターリンの3巨頭である。ヤルタ会談では戦後処理について語られたが、主役はスターリン、ローズヴェルトであった。チャーチルの存在は小さく、イギリスはナンバースリーにまで落ちてしまっていたのだ。

また、戦後、ポーランドは、ソ連の強い影響のもと、共産国家となる。イギリスは民主ポーランドを守るために参戦したのに、その目的を果たすことができなかったのだ。

植民地喪失

イギリスはなぜ、インド、東南アジアで没落したのか?

イギリスは第二次世界大戦の勝者となったものの、戦後、多くのものを失いはじめる。大戦中、イギリスは27万人の兵士を失い、6万人の民間人が犠牲となった。国力は大きくそがれ、超大国の座も失ったうえ、戦後に多くの植民地を失っていったのだ。

第二次世界大戦後、植民地の独立は世界の趨勢であり、最大の植民地大国イギリスもその流れに巻き込まれ、抗《あらが》おうにも抗いきれなかった。こうした流れが生まれてしまったのは、ひとつには第二次世界大戦の日英戦の衝撃が戦後も残ったからだ。

第二次世界大戦にあって、日本は東南アジアに侵攻、イギリスの東洋支配の象徴であるシンガポールを目指した。イギリスはシンガポールを難攻不落《なんこうふらく》の要塞と誇っていたが、日本軍はこれをあっさり攻略、イギリス軍を屈伏させた。

また、海にあっては、イギリスがシンガポール防衛のために送り込んだ最新鋭戦艦「プリンス・オブ・ウェールズ」、巡洋戦艦「レパルス」が、日本海軍航空隊にやすやすと撃沈されてしまった。日本の空母部隊がインド洋に進出すると、イギリスの東洋艦隊は蜘蛛《くも》の子を散らすように逃げ出した。

イギリスの一員であったオーストラリアが、日本軍の侵攻に遭いそうなとき、イギリスはオーストラリア防衛に何もできず、オーストラリアはアメリカに支援を求めねばならなかった。結局、日本は敗れ、占領した東南アジアの諸地域から去ったが、東南アジアの民衆は、宗主国が日本相手に無様に敗退を繰り返したことに衝撃を受けた。「白人支配」の絶対性が覆《くつがえ》され、東南アジア、インドの民衆は、イギリスを恐れなくなっていたのだ。

また、超大国となったアメリカは、イギリスの植民地についてはこころよく思っていなかった。イギリス本国そのものはパートナーと見なしても、イギリス帝国を解体させたいと思っていた。だから、イギリスの植民地維持に手を貸す気はなかった。

すでに、イギリスには軍を動かそうにも、手持ちの資金が少ない。これもあって、イギリスは植民地支配を断念せざるえなくなっていったのだ。

いざ決心すると、イギリスは比較的諦めがいい。フランスがベトナムやアルジェリアの植民地にこだわり、泥沼の戦争にはまったような失敗は犯さなかったのだ。

イギリス病

高福祉国家建設のはずが、経済低迷を招く

イギリスの戦後復興は、アトリー首相の労働党政権からはじまる。労働党のイギリスが目指したのは、高福祉国家の建設であり、「揺《ゆ》り籠《かご》から墓場まで」と称する社会保障サービスにあった。無料の医療保険を導入、さらには老齢年金、失業保険も整備し、多くの国に先駆けてイギリスは高福祉国家となっていった。さらに、労働党内閣は企業の国有化も進め、これにより産業基盤を再建しようとした。

イギリスが高福祉国家に向かったのは、ひとつには国民がそれを望んでいたからなのだが、もうひとつ、第二次世界大戦での喪失があまりに大きかったからだろう。都市は爆撃で荒れ果て、産業といえば軍需産業しか残っていなかった。多大な犠牲を払った国民は国家に寄りかかろうとし、政権はこれに応えようとしたのだ。

高福祉国家は、当初、機能した。1954年には完全雇用を達成、労働者の賃金も上が

った。だが、高福祉国家は、大きな税収を必要とする。国有企業の多い経済は、崩壊したソ連経済がそうだったように、労働者の勤労意欲を低下させるとともに、企業の自己革新の芽を摘む。さらに労働党政権は労働組合に支持されていたため、賃上げを要求する労働争議が多発する。企業は賃上げ要求を呑まざるをえず、それは企業収益の悪化を招き、企業は設備や技術に投資する資金に窮する。

こうして高福祉国家、国有企業のイギリス経済は、1955年ごろから大きな成長を得られなくなってしまっていた。1948年から1958年にかけてのイギリスの経済成長率は、年平均で2・4パーセント程度である。これに対して、西ドイツ、日本の経済成長率は8パーセントを上回り、フランスも5パーセント成長をつづけていた。

イギリスは、低成長から抜け出す術《すべ》を失っていた。労働組合が強すぎるため、会社側は思い切った改革に舵を切れない。イギリス政府も大胆な政策転換ができなかったから、イギリスの経済低迷は、「イギリス病」と呼ばれるようになった。

こうしてイギリスが「ヨーロッパの病人」呼ばわりされるようになった時代は、エリザベス2世時代の前半と重なる。1952年、ジョージ6世が没すると、その娘エリザベス2世が26歳で即位する。イギリスの歴史では、エリザベス1世、ヴィクトリア女王と女王の時代は栄えるといわれてきた。だが、エリザベス2世時代の前半、イギリスは低迷に喘ぐことになる。

スエズ動乱

イギリスの時代を終わらせた愚行

経済低迷をはじめたイギリスは、1956年に世界から顰蹙《ひんしゅく》を買い、信望を失う。それが、スエズ動乱である。

スエズ動乱は、エジプトのナセル首相のスエズ運河会社の国有化宣言にはじまる。これまで、スエズ運河の管理については、イギリスが大きな力をもちつづけてきたが、ナセルはイギリスに挑戦状を叩きつけたのだ。エジプトがスエズ運河を管理するなら、中東からの石油輸送に障害が出る懸念が生まれはじめていた。そこから、イギリスはフランス、イスラエルを誘い、エジプトに対して軍事行動を起こす。これが、スエズ動乱（第二次中東戦争）となる。

イギリスの行動は、世界的な非難を浴びる。アフリカやアジア諸国が、イギリスの軍事行動を帝国主義行動と非難しただけではすまなかった。もっとも怒ったのは、アメリカであった。アメリカからすれば、イギリスやフランスの行動は、自由主義である西側世界に対する背信《はいしん》行為であった。

じつのところ、1956年、西側世界が一体となって、ソ連とあたらなければならない季節を迎えていた。当時、ソ連に縛られた共産主義国ハンガリーでは、政治的自由化を求める改革派の声が高まり、市民が蜂起（ハンガリー動乱）、西側に救いを求めるシグナルを送っていた。民主と自由を重んじる西側世界が団結してソ連にあたるなら、ハンガリーはソ連の軛《くびき》から解放されたかもしれない。

にもかかわらず、イギリス、フランスは中東で帝国主義的戦争を引き起こしたのだ。世界の耳目《じもく》は中東に集中し、その隙にソ連の戦車軍団はハンガリーを蹂躙《じゅうりん》し、政治改革運動を力で押し潰してしまった。

イギリスの軍事行動は、ハンガリーの民主化運動を間接的に潰したかたちとなった。市民運動を見捨て、帝国主義的な行動をとったことで失ったものは大きい。かつてヒトラーをはじめとする全体主義と戦い抜いたことで得たイギリスの声望は地に堕《お》ちた。

EU なぜ、イギリスはヨーロッパ回帰を目指したのか？

第二次世界大戦後、イギリスは経済の低迷に苦しむなか、いまのＥＵ（ヨーロッパ共同体）

の母体となる組織への参加を模索する。

EUの淵源《えんげん》をたどるなら、1952年に発足したヨーロッパ石炭鉄鋼共同体（OCSC）となる。参加したのは、フランス、西ドイツ、イタリア、ベネルクス3国であり、経済統合が試みられた。その後、OEECの発展形として、1958年にヨーロッパ経済共同体（EEC）が誕生、1967年にはヨーロッパ共同体（EC）となる。その流れは止まらず、経済のみならず政治統合も目指した、現在のヨーロッパ連合（EU）へと発展していく。

イギリスは、当初、ヨーロッパのこうしたあり方を嫌った。EUは超国家機構であり、国家の主権を制限するため、イギリスは忌避《きひ》したのだ。

だが、経済低迷がつづくと、イギリスはそうもいっていられなくなる。1961年、イギリスのマクミラン首相はEEC加盟を申請したが、今度はフランスのシャルル・ド・ゴール大統領に拒まれている。ド・ゴールがイギリスを拒絶したのは、イギリスを加盟させることで、イギリスと仲のいいアメリカの影響力がEECに及ぶことを嫌ったのだ。

このあと、ウィルソン首相もEEC加盟を申請するが、これまた拒否される。ようやくイギリスがEC加盟をゆるされるのは、1973年のことだ。

イギリスが何度も拒否されながらも、EC入りを目指したのは、ヨーロッパ経済の成長が魅力だったからだ。ヨーロッパ経済は、イギリス経済よりも好調であり、経済統合が進めば、イギリスはさらに置き去りにされる。イギリスは、19世紀には世界を相手に商売を成功させたが、20世紀の後半、世界での地位を落としていた。そこで、イギリスはヨーロッパに回帰し、ヨーロッパという力を使って経済力の浮上を試みたのである。

そのイギリスのＥＵ加盟は、中途半端な形になっている。イギリスはＥＵに加盟しても、共通通貨ユーロに切り替えることなく、ポンドを使用しつづけたのだ。じつは、ユーロを導入したくてもできず、なし崩しになってしまった歴史があるからだ。

ユーロを使用するためには、まずは欧州為替相場メカニズム（ＥＲＭ）に加盟しなければならない。加盟することでユーロ移行の準備段階にはいり、イギリスもこれに加盟した。そこから先、１９９２年、ポンド危機が起きる。ヘッジファンドがポンドを売り浴びせ、ポンドの価値は急落。これにより、イギリスはＥＲＭを脱退せざるをえなくなり、ユーロを断念した。

ただ、そのおかげで、イギリスは為替《かわせ》変動の調整効果を知るようになる。イギリスは、ポンド安を利用して輸出を伸ばすこともできた。イギリスはユーロを採用することなく、ポンドを使いつづけ、これがのちのＥＵ離脱の一因にもなっている。

サッチャー
「鉄の女」によってはじまったイギリスの再生

1970年代末、「ヨーロッパの病人」イギリスは、どん底にあった。経済の低迷がつづいていたうえ、10パーセントを超えるインフレが国民を襲っていた。労働者のストライキは頻発し、企業の生産性は低かった。1979年初頭、イギリスは最悪の時期に突入する。公共サービス業の労働者が長期ストライキを引き起こしたため、ゴミが数週間も回収されなくなってしまった。死体の埋葬《まいそう》も拒否された。

そんななか、同年5月に登場したのが、サッチャー首相の保守党政権である。サッチャーは、イギリス経済の改革を断行する。サッチャーは、「イギリス病」の根源に、高福祉と国有企業があると見なした。彼女はここに手をつけ、国有企業を民営化し、社会保障を削った。さらには、「金融ビッグバン」という金融・証券の自由化にも踏み切った。

それは大きな抵抗を伴うものであり、労働組合は1984年には1年にも及ぶ戦後最大のストで対抗している。これまで、イギリスの歴代首相は、労働組合との対決に折れ、譲歩してきた。サッチャー率いる保守党政権でも、サッチャー以前には、妥協の政治をつづけていたが、サッチャーは妥協しなかった。彼女は、労働組合と徹底して対決し、屈伏させていく。そこから、彼女は「鉄の女」と呼ばれるようになったのだ。

サッチャーにとって唯一の味方は、国民の支持であった。経済が回復していけば、労働組合が反サッチャーを声高に唱えようと、国民はサッチャーを支持する。サッチャーは景気を浮揚させ、選挙に勝利することで、基盤を固め、改革を進行させていったのだ。

サッチャーに大きな力をもたらしたのは、1982年のフォークランド紛争である。フォークランドの領有については、イギリスとアルゼンチンで長く揉《も》めつづけ、この年、ついにアルゼンチン軍が上陸、島を制圧した。

これに対して、サッチャーは、アメリカ政府の支持を取りつけたうえで、イギリス艦隊をフォークランドに派遣した。フォークランド紛争では、イギリス軍は苦戦しながらも、アルゼンチンに勝利した。それは、イギリスの威信回復の瞬間でもあった。第二次世界大戦を戦って以来、イギリスに輝かしい軍事的勝利はなかった。イギリスは軍事面でもなめられ、アルゼンチンの挑戦を受けるほどになっていたが、勝利によって、国民は高揚、威信が回復されたと見なした。それは、サッチャーの功績であり、国民のサッチャー支持は増えていったのだ。

サッチャーの改革には、後年、批判も多い。弱者の切り捨て、格差社会を生んだとも糾弾されるが、彼女がイギリスを変えたのは事実だ。

ブレア なぜ、スコットランド、ウェールズに議会を成立させたのか？

サッチャー改革を継承したのは、サッチャーと同じ保守党のメイジャー政権である。サッチャー、メイジャー時代に労働組合の力は弱まり、労働組合を基盤とした労働党は揺らぐ。そんななか、ブレアが労働党の改革に乗り出し、中産階級を取り込み、労働党を一新させていった。ブレアは、サッチャー流の改革を労働党に持ち込んだといっていい。１９９７年、ブレア率いる労働党は総選挙に大勝、彼は43歳にして首相の座に就いた。

ブレアもまた、イギリスの改革者となる。彼の大きな改革のひとつは、地方分権化である。１９９７年、スコットランド、ウェールズで権限委譲を問う住民投票がおこなわれ、これによって、スコットランド、ウェールズには独自の議会が生まれたのだ。

スコットランドは長く独自の議会をもっていたが、１７０７年のイングランド議会との合同により、議会を消滅させていた。その議会が、20世紀末に復活したのである。

ブレアが地方分権化に熱心だったのは、サッチャー時代に中央集権化が進みすぎたことへの是正がある。さらには、彼がスコットランド出身だったからだ。彼は、スコットランドの悲哀を知っていた。スコットランドはイギリスの一員になっているとはいえ、18世紀初頭までは独立国であったという矜持《きょうじ》がある。そうした歴史を有しているため、イギリスの一員でありながら、どこかにわだかまりがあった。

イギリスは、ロンドン一極集中の国である。ロンドンのみが大きな繁栄を得ているが、スコットランドには繁栄はないし、繁栄のお裾《すそ》分《わ》けの実感もない。さらにスコットランド沖で北海油田が開発されたとき、油田の利権はロンドンのイギリス政府がすべて握り、スコットランドには油田からの恵みはなかった。これまた、スコットランド人の不満であった。ブレアはスコットランドの心情がわかるだけに、スコットランドの不満を和らげようとした。そして、スコットランドのみならず、古くに併合したウェールズにも、自治を認めようとしたのである。

ただ、スコットランドにおける国会の創設は、スコットランドの不満を解消させはしなかった。それどころか、21世紀のスコットランドでは独立の要求が強まり、独立を目指すスコットランド国民党が議会の過半数を占めるようになる。2014年、スコットランドでは、独立の是非を問う住民投票がおこなわれる。世界じゅうが注目した投票では、独立反対の票が多く、スコットランドは独立への道を断念している。ただ、スコットランドに独立を望む底流はありつづけ、今後も、独立運動がおこると予想できる。

また、ブレアの改革は最後につまずいている。2003年、アメリカはイラク戦争をはじめるが、ブレアはアメリカに賛同、国内の反対を押し切って派兵を決めた。最大の理由に、イラクの大量破壊兵器所有を挙げていたが、その後、アメリカが主張していたイラクの大量破壊兵器はなかったことが明らかになる。ブレアはそれを知っていながら、アメリカに忖度《そんたく》して、強引に派兵したのではないかという疑惑が生じ、彼の人気は急落、2007年に退陣することになったのだ。

ブレグジット

イギリスは、どこへ向かおうとしているのか?

2016年、イギリスでは欧州連合(EU)からの脱退の是非を問う国民投票がおこなわれた。投票の過半数は脱退を選択、これによりイギリスはEU脱退に向けて動きはじめ、ヨーロッパのみならず、世界に衝撃がはしった。「ブリテン(Britain)」のEU「エグジット(exit=離脱)」だから、これは「ブレグジット」と呼ばれる。

イギリスのEU離脱は、イギリスのヨーロッパ離れでもある。1960年代、1970年代、経済の停滞に苦しむイギリスは、ヨーロッパ回帰を志向、ついにはEU加盟を果たした。けれども、EUのなかでイギリスの居心地はそうよいものではなかった。EUの舵取りは、ドイツ、フランスの2大国であり、新参者のイギリスはナンバースリーでしかない。イギリスの発言力は大きくなく、またその発言は、ドイツ、フランスから反発を食いやすい。そもそも、イギリスはユーロを採用していないから、そこに加盟国からの不信もあるのだ。

そんななか、2010年代初頭からのギリシャ経済危機である。ギリシャ問題に関しては、財政規律を強く要求するドイツのメルケル首相と、南欧諸国が対立、フランスのサルコジ大統領は仲裁に追われ、イギリスのキャメロン首相の影は薄かった。イギリスは、EUの混沌に辟易《へきえき》した。加えて、EUが拡大するほどに、EU圏となった東欧から移民がイギリスに流入、イギリス国内の労働者から職を奪った。これまたイギリス人の不満となり、ついには国民投票で見切りをつけることになったのだ。

イギリスのEU離脱は、じつはイギリス連合王国を解体に向かわせるという見方もある。2014年、スコットランドではイギリスからの独立を問う住民投票があり、このときには現状維持派が勝利している。だが、イギリスが完全にEUを離脱するなら、スコットランドはイギリスから独立、EUに加盟する道も生まれてくるのだ。

同じことは、アイルランドにもいえる。現在、アイルランド島は、北部の北アイルランドとアイルランドのふたつの国に分かれる。北アイルランドはイギリスを形成する一員なのだが、イギリスのEU離脱に合わせて、アイルランドと合併に向かう動きがあるのだ。

もともと、アイルランドと北アイルランドは宗教問題で分離している。そのため、北アイルランドでは、プロテスタントとカトリックの争いがつづいたが、いまは和らぎを見せている。加えて、アイルランドは2000年代に金融立国を目指し、北アイルランドより豊かになっていた。2010年代初頭、信用不安が広がるソブリン危機につまずいたものの、その経済力は北アイルランドには魅力である。

スコットランドが独立し、北アイルランドがアイルランドと合体するなら、イギリスを構成するのは、イングランドとウェールズのみとなる。ブリテン島は、中世に逆戻りすることになる。ただ、通貨や安全保障など、さまざまな問題もあって、独立運動は困難を抱える。イギリスは、中世と同じような構図に戻る圧力を受けながらも新たな道を見つけていくことになる。それは、世界のどの国もたどったことのない道になるだろう。

参考文献

『新版 世界各国史11 イギリス史』川北稔（山川出版社）
『世界歴史体系 イギリス史1 先史〜中世』青山吉信編（山川出版社）
『世界歴史体系 イギリス史2 近世』今井宏編（山川出版社）
『世界歴史体系 イギリス史3 近現代』村岡健次・木畑洋一編（山川出版社）
『世界歴史体系 アイルランド史』上野格・森ありさ・勝田俊輔（山川出版社）
『イギリス現代史1900―2000』ピーター・クラーク（名古屋大学出版会）
『イギリス王室1000年の歴史』指昭博監修（カンゼン）
『イギリスを知るための50章』川成洋編著（明石書店）
『スコットランドを知るための65章』木村正俊編著（明石書店）
『スコットランド王国史話』森護（大修館書店）
『物語イギリスの歴史（上）（下）』君塚直隆（中央公論新社）
『イギリス帝国の歴史』秋田茂（中央公論新社）
『物語 アイルランドの歴史』波多野祐造（中央公論新社）
『世界繁盛の三都』加藤祐三（日本放送出版協会）
『とびっきり哀しいスコットランド史』フランク・レンウィック（筑摩書房）
『消えたイングランド王国』桜井俊彰（集英社）
『物語 ウェールズ抗戦史』桜井俊彰（集英社）
『ウェールズの教育・言語・歴史』平田雅博（晃洋書房）
『ヨーロッパ・中世』『ヨーロッパ・近世』『ヨーロッパ・現代』ノーマン・ディヴィス（共同通信社）
『世界の歴史22 近代ヨーロッパの情熱と苦悩』谷川稔・北原敬・鈴木健夫・村岡健次（中央公論新社）
『世界の歴史29 冷戦と経済繁栄』猪木武徳・高橋進（中央公論新社）
『世界の歴史16 ヨーロッパの栄光』岩間徹（河出書房新社）
『カラー版 世界史図説』（東京書籍）

内藤博文　ないとう・ひろふみ
1961年生まれ。大学卒業後、新書系の出版社に勤務。現在は、歴史、地理、世界と日本、文化、娯楽などの分野を得意とするライターとして精力的に執筆活動を行なう一方、地方で実業にも携わっている。著書に『元号と天皇から日本史を読む方法』『日本史　誤解だらけの英雄像』『日本史は、地政学で読み解くと面白い』などがある。

きちんと理解する
イギリスの歴史

2019年４月15日　初版印刷
2019年５月10日　初版発行

著者――内藤博文
発行者――小野寺優
発行所――株式会社河出書房新社
〒151-0051　東京都渋谷区千駄ヶ谷2-32-2
電話(03)3404-1201(営業)
http://www.kawade.co.jp
企画・編集――株式会社夢の設計社
〒162-0801　東京都新宿区山吹町261
電話(03)3267-7851(編集)
DTP――株式会社翔美アート
印刷・製本――中央精版印刷株式会社
Printed in Japan　ISBN978-4-309-22764-1